Les nouvelles preuves sur l'assassinat
de John Fitzgerald Kennedy

CAROLINE LEBEAU

Les nouvelles preuves sur l'assassinat de John Fitzgerald Kennedy

ÉDITIONS DU
ROCHER
Jean-Paul Bertrand

ISBN 2 268 04915 9

À Lola, ma fille

UN MENSONGE AMÉRICAIN DE MOINS

En relisant une nouvelle fois les dernières pages de la brillante et minutieuse enquête de Caroline Lebeau, journaliste d'investigation indépendante, je ne peux que lui souhaiter d'atteindre le plus grand nombre de lecteurs possible. Ainsi, ceux-ci découvriront-ils comment certains des dirigeants au plus haut sommet de l'État, en l'occurrence ceux des États-Unis, n'hésitent pas à se livrer depuis des décennies aux pires manœuvres et à fabriquer de toutes pièces une vérité officielle afin de protéger les intérêts des puissances financières desquelles ils sont redevables de leur pouvoir.

Ce livre n'est pas un remake d'une affaire historique passée ou un énième débat d'experts sur l'assassinat du président John Fitzgerald Kennedy : le travail de Caroline Lebeau nous projette dans le passé pour mieux nous emmener dans l'envers du décor du pouvoir de Washington où terroristes et gouvernants font bon ménage…

Car, après tout, pourquoi reprendre l'enquête sur l'assassinat du président américain John Fitzgerald Kennedy, JFK, survenu le 22 novembre 1963 ?

Alors que je lui pose la question à l'occasion de notre rencontre, voici de cela quelques années, elle réplique telle qu'elle est, directe, droite, puriste au point de refuser l'ombre du doute sur la vérité inachevée : « *Mais comme citoyenne, j'ai droit, nous avons droit à la vérité et nous ne pouvons admettre, encore moins comme journalistes, que les dirigeants élus par le peuple dissimulent la vérité sur des faits aussi graves ! Ou alors dis-moi que tout est permis ? !...* » Ma question fut ressentie presque comme un reproche. Elle en fit un rêve au bout de cinq années d'une enquête difficile.

Déjà, comme des millions d'Américains et de citoyens à travers le monde, ses doutes persistaient sur la vérité officielle rabâchée par les dirigeants américains. Une vérité qui a résisté au poids de décennies de mensonges et à la chape de plomb de la propagande de la Maison Blanche. Mais surtout, professionnelle de « terrain », Caroline Lebeau ne s'est pas contentée de douter et de s'interroger pour s'abandonner à un quotidien douillet en laissant à d'autres le soin d'apporter peut-être un jour une réponse. Peut-être... Non. Opiniâtre et déterminée, il lui fallait assurément « la » réponse, celle qui autorise à dire aujourd'hui « *vous avez menti !* » ; celle qui permettra demain de mettre à nu d'autres mensonges du pouvoir américain. Je ne peux m'empêcher d'y penser, posant mon regard sur un document concernant le financement et l'entraînement de groupes terroristes par les hommes au pouvoir à Washington. Laissons donc du temps au temps...

Avec ce livre, condensé du riche et tumultueux travail de cette courageuse jeune femme, nous pouvons désormais parler du mensonge américain. Par les éléments qu'elle révèle, des millions d'Américains vont comprendre comment ils ont été dupés, désinformés par leurs propres gouvernants, par ceux-là mêmes auxquels ils ont confié la direction des affaires de leur patrie. Les voilà aujourd'hui, par ce travail journalistique, historiquement et socialement capital, sans doute en mesure de faire rouvrir l'enquête sur l'assassinat de JFK.

L'affaire est d'importance et ses développements imprévus. Faut-il rappeler que ce président qui souhaitait une route nouvelle pour les États-Unis d'Amérique et le monde se heurta aux milieux financiers, politiques et militaires les plus réactionnaires, les mêmes aujourd'hui au pouvoir à Washington ?… Rouvrir l'enquête et exiger qu'on leur rende leur histoire. Une histoire que les administrations dites « républicaines » s'emploient à camoufler, truquer, dissimuler derrière une vérité officielle, classant au nom de la « sécurité d'État » les archives qui permettraient aux citoyens de connaître enfin la vérité sur une histoire qui leur échappe : la leur ! Une vérité qui dérange visiblement puisque l'accès public à ces archives a été de nouveau différé par l'administration Bush. On imagine mal que des dirigeants, quels qu'ils soient, s'acharnent à dissimuler des faits qui les innocentent… Serait-ce en raison du fait que le père de George W. Bush, qui fut lui-même président et ancien dirigeant de la Central Intelligence Agency, se trouve alors sur les lieux du complot ? Ou en raison de l'identification, au même moment et sur les mêmes lieux, d'hommes de groupes mafieux, liés à des organisations terroristes sur le sol américain et très vraisemblablement proches de la famille Bush ? Ou les deux ?…

Caroline Lebeau a commencé à ouvrir la porte du coffre d'où la vérité ne demande qu'à s'échapper pour retrouver son peuple, n'en déplaise à la nomenklatura de la Maison Blanche et à son cercle d'initiés. Fouillant les archives, débusquant des documents qui pour la première fois sortent au grand jour, visionnant des dizaines et des dizaines de fois des morceaux de films et des photographies, comparant les rapports d'expertise, analysant avec l'Institut médico-légal de l'Université de Liège les photographies et radiographies réputées issues de l'autopsie de JFK, reprenant en collaboration, avec quelques membres de services américains et des universitaires, les expertises balistiques, rencontrant même quelques-uns des principaux protagonistes, Caroline Lebeau met à nu des faits ignorés jusqu'à ce jour, preuves à l'appui.

Beaucoup de choses ont été publiées sur l'assassinat du président Kennedy. Les unes suite à des « commandes » sollicitées plus ou moins directement par les commanditaires de l'attentat qui doivent à tout prix donner un semblant de crédit à la thèse officielle du « tueur fou », les autres par des personnalités – journalistes, chercheurs, scientifiques, universitaires – qui ont émis la possibilité d'un complot. Un coup d'État aux États-Unis ? Pensez donc !... Mais personne n'avait, jusqu'à ce livre, pu prouver qu'effectivement non seulement le pouvoir américain a menti comme il continue de le faire à ses citoyens et aux peuples du monde mais surtout que John Fitzgerald Kennedy a bien été victime d'un complot. Désormais, la vérité crucifiée des décennies durant par une implacable dictature du mensonge, parfois au prix de vies humaines – plusieurs témoins sont morts dans des circonstances étranges – s'éclaire d'un jour nouveau. Et l'assassinat de

JFK nous projette dans les coulisses du pouvoir de Washington.

Les questions ne manquent pas. Caroline Lebeau apporte de nombreuses réponses dans ce livre avec une précision et des conclusions qui ne manqueront pas d'interpeller le lecteur sur une réalité insoupçonnable du pouvoir américain. Cette lecture déroutera ceux qui, confiants dans les institutions, ont cru à la version officielle des gouvernants, n'imaginant pas un seul instant que ces derniers puissent les manipuler et les tromper à ce point. Elle dérangera, et c'est une bonne chose, ceux qui ont pensé pouvoir camoufler aux citoyens leur crime contre la démocratie à coups d'experts bidon, de trucages et de campagnes médiatiques.

Elle rassurera aussi le lecteur qui, à la découverte de ces pages d'enquête rigoureuse et captivante, se réjouira de savoir que dans cette époque de « journalisme de marché », il est encore des professionnels pour résister et venir à bout du mépris des pleutres, de la fourberie d'éditeurs peu scrupuleux, des menaces et de la désinformation des puissants.

HUGUES MONDRIAN

AVANT-PROPOS

Quarante ans après l'assassinat de John Fitzgerald Kennedy, bien que l'hypothèse de plusieurs tireurs impliqués dans ce complot soit devenue une quasi-certitude, il reste malgré tout des personnes convaincues que Lee Harvey Oswald est ce fou que l'État américain a tenté de nous dépeindre comme « *seul coupable ayant agi par impulsion* ».

À la lecture de mon travail d'investigation vous pourrez, en votre âme et conscience, constater que certains des responsables politiques américains ont essayé de nous mentir et que Lee Harvey Oswald a vraiment été, comme il l'a clamé haut et fort à l'époque, « *un bouc émissaire* ».

Les assassins ont carte blanche

Il est aussi vrai que cet État américain n'a pas fait grand-chose pour apaiser l'esprit d'un peuple avide de vérité. Volontairement. Bien sûr, ils ont créé des commissions, nommé des présidents de commissions pendant que d'autres personnages, proches du pouvoir républicain, favorisaient des campagnes de presse. Mais qu'en ressort-il de vraiment sérieux quant à la vérité vraie ? Récemment encore, l'actuel président des États-Unis, George W. Bush, a déclaré qu'il croyait toujours en la culpabilité d'Oswald... Le mal élu de Washington sait de quoi il parle. Non de la vérité, mais de son impérieuse nécessité de défendre la thèse officielle des dirigeants « républicains » qui l'ont précédé à la direction des affaires de l'État.

Constatons des faits sur ce mensonge perpétré et perpétuel de l'État américain « républicain » : faut-il y voir un rapport avec le fait que son père, lui-même ancien président, était sur les lieux du complot, quelques années avant de devenir directeur de la Central Intelligence Agency – CIA ?

Faut-il y voir un rapport avec la présence sur les mêmes lieux d'individus liés à des groupes mafieux et terroristes de Floride ?

Les mêmes dont les organisations ont soutenu la campagne du président américain lors des dernières élections présidentielles, les mêmes qui sont liés aux groupes qui ont tenté hier, en avril 1961, un coup d'État contre le pouvoir castriste à Cuba, les mêmes qui participent aujourd'hui à des actions terroristes contre les peuples cubain et vénézuélien avec le soutien d'agents américains, les mêmes qui ont soutenu également l'élection de Jeb Bush, frère de George W. Bush, au poste de gouverneur de Floride. Étranges coïncidences...

Lieux communs entre banquiers et mafieux

Y aurait-il un lieu commun entre les assassins du président John F. Kennedy, le président Bush, improvisé chasseur de terroristes depuis le 11 septembre 2001, et des hommes liés à la mafia anticastriste et à des groupes terroristes ?

Faire abstraction de cette question reviendrait à oublier que dans la défense des intérêts de certaines grandes sociétés multinationales et de certaines des grandes banques – celles qui ont permis à la famille Bush et à ses prédécesseurs républicains d'accéder au pouvoir –, financiers et mafieux ont en commun la déréglementation de la vie économique et sociale – et c'est la politique intérieure et extérieure de George W. Bush –, le recours à la violence pour la domination territoriale et l'accumulation de profits maximum dans l'opacité la plus totale. Le pouvoir politique n'est que « l'outil » de leur domination perverse et brutale.

Dans les faits, non seulement le pouvoir conservateur semble donner, au regard des éléments qui suivent, carte blanche aux terroristes sous couvert de les pourchasser – il faut bien « travailler » son opinion publique, la motiver à la guerre et la rassurer –, mais les arme, les entraîne et les finance. Il s'agit là d'une politique d'affrontement ouvert et délibéré à laquelle John F. Kennedy entendait s'opposer, tout au moins en apparence. La politique d'affrontement américaine contre Cuba est à cet égard révélatrice des jeux – et enjeux – de pouvoir à Washington, et surtout du pouvoir invisible des groupes de pression de certaines des grandes sociétés multinationales.

Pourquoi cacher la vérité sur le complot ?

Que Bush le veuille ou non, le doute s'installe de plus en plus. S'il n'a vraiment rien à se reprocher pourquoi faire l'autruche à ce point, pourquoi ne pas déclassifier les archives interdites au public et se battre pour prouver la véracité des faits avancés à l'époque ?... Pourquoi laisser une telle polémique s'installer depuis aussi longtemps dans son propre pays, tel un cancer dont les Bush ne peuvent plus se défaire ? Pourquoi se laisser accuser de la sorte sans réagir ?

Le prétexte du gouvernement est la « sûreté d'État ». Une sorte de voile pudique pour faire propre. Mais au fait, quel rôle joue réellement la « sûreté » dans cet assassinat ? Hypocrisie ou indifférence ?

Nous avons tellement été désinformés qu'il est impossible de garder l'esprit clair et d'arriver à se poser les bonnes questions sans envisager les pires hypothèses.

Un deuxième aspect très surprenant de cet assassinat est la multitude de récits qui existe au sujet de ces quelques minutes qui ont ébranlé le monde entier.

Les belles histoires de l'Oncle Sam

Les meilleurs de ces récits, souvent issus de « révélations » soigneusement élaborées par des spécialistes de la désinformation, nous donnent les noms des tireurs, le plus souvent connectés à la mafia, membres de la police ou de véritables tueurs... Ces histoires nous semblent tellement parfaites que l'on se demande encore ce qu'un certain Lee Harvey Oswald vient faire là-dedans... Si Lee Oswald n'avait pas joué le rôle qu'on lui a attribué, il serait certainement toujours en vie. Mais il fallait que quelqu'un paye officiellement pour ce crime afin d'apaiser l'esprit public. Et, ironie de l'histoire, c'est cela qui les a perdus. La couverture confectionnée à coups de trucages, de dissimulation de preuves, de faux témoignages, de campagnes médiatiques ne fut jamais assez ample, et le crime, leur crime, jamais suffisant pour étouffer tout ce qui ne tournait pas rond dans cette enquête.

Au fil de ces pages, je vous emmène dans mon enquête, démontant les éléments qui ont conduit à la mise à mort de John Fitzgerald Kennedy, reprenant ce qui s'est passé avant et après le meurtre, documentant des informations anciennes et nouvelles.

Je laisse le lecteur en tirer lui-même les conclusions qui s'imposent et s'interroger sur deux inévitables questions : à qui profite le crime ? Pourquoi l'administration américaine continue-t-elle de mentir ?

Comment ne pas dédier cet ouvrage à John Fitzgerald Kennedy, abattu en pleine gloire pour des motifs inavouables, à cet homme qui avec ses qualités et ses défauts a fait rêver son peuple d'une autre Amérique ?

Je le dédie aussi à Lee Harvey Oswald et à sa famille, victimes de l'un des pires complots de l'histoire américaine. Et ce n'est pas utopique de rêver qu'un jour un Marine puisse lever le drapeau américain sur sa tombe à chaque anniversaire de sa mort en l'honneur d'un homme qui, à peine âgé de vingt-quatre ans, a obéi par patriotisme, n'imaginant pas un seul instant que le système américain puisse le souiller ainsi par le mensonge jusqu'après sa mort. « L'assassin » fabriqué par Washington a droit à la réhabilitation et à la dignité comme tout un chacun.

CAROLINE LEBEAU
Août 2003

CHAPITRE 1

POLITIQUE

> *« La première loi de l'Histoire est de ne pas oser mentir ; la seconde, de ne pas craindre d'exprimer toute la vérité. »*
>
> LÉON XIII

Pour tuer quelqu'un, il faut avoir une raison. Peu importe qu'elle soit bonne ou mauvaise.

John Fitzgerald Kennedy n'a jamais été un saint, il ne l'a jamais prétendu, d'ailleurs. Donc, il faut faire le tour des actes qu'il a posés durant son existence pour pouvoir comprendre son assassinat. Il est né le 29 mai 1917 d'une famille de neuf enfants. Jack, pour les intimes, a vécu dans l'ombre de son frère, Patrick, que son père destine à devenir un futur président des États-Unis. À la mort de ce dernier dans un combat aérien, le 22 août 1944, le destin de JFK va prendre un nouveau tournant. Il allait reprendre le flambeau et selon le désir de son père accéder à la place qu'aurait pu occuper son frère. Et c'est là que tout commence...

En 1946, il est élu au Congrès comme représentant du Massachusetts. Il se distingue déjà par ses opinions très libérales et sa personnalité charismatique. En 1952, il est élu sénateur. Mais son père en veut toujours plus. Il le veut à la présidence. Alors que Jack n'a qu'une envie – courir après les jupons –, son père le pousse au mariage en 1953 avec Jacqueline Lee Bouvier.

La course à la présidence commence. Pour y parvenir son père, Joe Kennedy, ne lésine ni sur les moyens ni sur ses amis, pas toujours très fréquentables mais particulièrement influents. Il confie d'ailleurs à un cardinal : «*J'ai payé 7 500 $ pour ce cheval et avec 75 000 $ de plus Jack fait la première page du* Time.»

Mais qui sont donc ces amis si influents ? La mafia. Qui aurait pu l'aider à corrompre et trafiquer certains votes importants mieux qu'elle !

Ses relations, Joe Kennedy, «spécialiste des bonnes affaires», les tisse du temps où il fait fortune en pratiquant le commerce d'alcool hautement clandestin dans les années 1920-1930. C'est à ce moment-là qu'il rencontre et «travaille» avec les gens du milieu.

La mafia, et plus particulièrement Sam Giancanna et Carlos Marcello, a versé des millions pour soutenir la campagne présidentielle du fils de Joe et elle a poussé le tout Beverly Hills à ses côtés.

Le deal des familles

Le deal pour convaincre les relations de son père de l'aider à accéder à la présidence était le suivant : une fois en place, Jack leur rendrait de petits services. Par exemple :

– leur faire signer des contrats gouvernementaux très lucratifs,

– elle aurait ainsi placé ses membres à de hauts postes, et aurait donc pu vaquer à ses occupations sans avoir à craindre des représailles de la part du gouvernement,

– la famille de Sam Giancanna, important gangster dans le Cuba d'avant Castro, il devient le chef de la première famille de la mafia de Chicago. Robert Maheu l'appela, ainsi que Rosselli, quand il eut besoin de tueurs pour assassiner Castro. En 1975, il reçut une balle derrière la tête alors qu'il était sous la protection du FBI juste avant de témoigner devant le Congrès,

– la mafia exigeait le retour de Joe Adonis, mafieux et ami de Giancanna,

– et enfin, la dernière demande de Giancanna était que Bobby Kennedy démissionne de ses fonctions au sein de la commission McClelland, chargée d'enquêter sur les agissements du crime organisé.

C'est ainsi que le 8 novembre 1960, John Fitzgerald Kennedy devient le 35e Président des États-Unis. Il vient de gagner face au candidat républicain Richard Milhouse Nixon par la plus petite marge qui soit : 110 000 voix d'écart et 84 grands électeurs d'avance. Selon André Kaspi, professeur d'histoire des États-Unis à l'Université de Paris et auteur du livre *Les milles jours d'un Président*, Nixon fait figure de rustre par rapport au vainqueur, qui a de l'élégance et de l'humour. En beau perdant, il jure alors de prendre sa revanche. Ce qu'il fera plus tard, en 1968. Le lendemain même de ce grand jour, JFK est déjà victime d'un attentat à l'explosif commis par Richard Paul Patrick.

La mafia ne dormira pas tranquille

John Fitzgerald Kennedy est intronisé 35e Président des États-Unis en janvier 1961 par le président de la Cour suprême, le juge Earl Warren qui, ironiquement, sera choisi pour être le président de la commission Warren, commission créée pour enquêter sur son assassinat, en novembre 1963.

Mais une fois les élections remportées, JFK ne respecte pas ses promesses... Il nomme Bob Kennedy, son frère, ministre de la Justice... Sam Giancanna est vert de rage. Cette nomination a pour but d'éliminer toutes les personnes qui ont rendu service aux Kennedy. Bob travaille donc d'arrache-pied à la destruction du milieu. Fin 1962, les relations entre les Kennedy et la mafia atteignent l'apogée de la haine. En janvier 1963, le milieu demande l'élimination des frères Kennedy. En juin de la même année, Sam Giancanna intente un procès au FBI pour atteinte à la vie privée. Mais revenons un peu en arrière. Car ce ne sera malheureusement pas là le seul problème des Kennedy...

Pour le nouveau Président, alors que la croissance économique est en perte de vitesse, il est important d'engager une politique d'envergure pour tenter de relancer l'activité économique. Il voulait relancer l'exportation de marchandises industrielles et prélever des impôts sur les avoirs des citoyens américains à l'étranger. Les impôts à payer sur le capital investi à l'étranger se seraient élevés jusqu'à 15 % des bénéfices par an. Ce qui représentait un handicap de plus pour les banquiers internationaux. Il déclare aussi la guerre à la pauvreté qui touche alors un Américain sur cinq et à la ségrégation qui déchire les États-Unis. Il oriente sa politique étrangère vers le tiers-monde. Il est à l'initiateur de l'Alliance pour le progrès du Corps de la Paix.

Le Président relève aussi le défi spatial des Soviétiques et lance le programme Apollo. Il fera aussi la promesse d'envoyer un Américain sur la lune, programme qui aboutira en 1969 avec Neil Armstrong.

C'est alors que survient l'affaire de la Baie des Cochons, qui va envenimer les relations internationales.

Premier revers international de l'« ère Kennedy »

En 1961, l'affaire de la Baie des Cochons éclate... Mais que s'est-il réellement passé ? Trois semaines avant l'investiture de Kennedy, les États-Unis rompent les relations diplomatiques avec Cuba, résultat : expropriation d'un million d'hectares appartenant à des Américains. John Kennedy en réponse à cet acte, décide l'embargo total sur les exportations et les importations vers ou en provenance de Cuba. Cuba établit alors des liens avec l'URSS afin de pouvoir vendre ses nouvelles richesses. Mais les Américains décident de ne pas en rester là. C'est ainsi que le 17 avril 1961, 2 000 anticastristes cubains et mercenaires américains, entraînés par la CIA et en corrélation avec la mafia, débarquent dans la Baie des Cochons pour tenter de renverser le gouvernement révolutionnaire cubain. Kennedy refuse alors de leur apporter un appui aérien et, le 19 avril, l'invasion est écrasée. Les 1 113 rescapés sont échangés contre 63 millions de dollars de médicaments par le gouvernement de Fidel Castro.

Kennedy endosse seul la responsabilité de ce cuisant échec et présente des excuses nationales, montrant ainsi sa conception de la démocratie. Ce qui fut fort apprécié par le peuple, 80 % des Américains le soutenant. Mais en privé, il dira que la CIA ne lui a pas donné toutes les informations concernant ce débarquement. Au passage il limoge Allen Dulles : « *Si nous étions dans un régime parlementaire c'est moi qui devrais démissionner mais dans ce régime, c'est toi qui pars* » déclare JFK au directeur de la CIA, de surcroît ami de son père. Il limoge aussi le général Campbell qui n'est autre que le frère du maire de... Dallas. La CIA lui reprochera son laxisme à l'égard du communisme. Et lui en veut d'avoir fait capoter le débarquement. Kennedy annonce aussi qu'il tiendra la CIA pour responsable de ses actes en temps de paix comme en temps de guerre.

Thor doit quitter la Turquie...

En 1962, JFK va prouver ce qu'il vaut. Le 14 octobre 1962, il approuve une mission de reconnaissance aérienne. Le lendemain, un avion U2 s'envole en direction de San Cristobal.

Cet avion a la particularité de voler à 22 km d'altitude et de posséder deux caméras panoramiques. « *Sur les pellicules nous avons détecté des objets mesurant 19 m de long. En consultant nos archives photographiques, nous avons retrouvé un cliché de missiles nucléaires exposé dans les rues de Moscou : c'était un S4, capable d'atteindre en six minutes toutes les villes américaines situées à 2 500 km de Cuba* », se souvient Robert McNamara, secrétaire à la Défense. Le soir même, une cellule de crise est créée à la Maison Blanche. D'un côté il y a l'état-major qui pousse à envahir Cuba et bombarder les rampes de lancement des missiles et de l'autre il y a McNamara qui veut à tout prix éviter un affrontement avec l'Union soviétique. Kennedy hésite…

Le 18 octobre il a rendez-vous avec Gromyko, ministre soviétique des Affaires étrangères. Ce dernier nie la présence des missiles dans l'île de Cuba. Le 22 octobre Kennedy fait une allocution télévisée pour annoncer qu'il possède la preuve de la présence des missiles. Le 23 octobre le monde retient son souffle lorsque les Soviétiques et les Américains se font face dans les eaux des Caraïbes.

Mais Kennedy tient tête à Nikita Khrouchtchev qui s'incline et retire les fusées à têtes nucléaires de Cuba. Il est clair qu'aucun des deux n'est prêt à prendre le risque d'un conflit nucléaire. Kennedy en échange retire de manière implicite ses missiles de Turquie. C'était en réalité le but recherché par Moscou puisque les États-Unis avaient implanté de nombreuses bases de lancement de missiles Thor en Turquie bien auparavant. C'est le début de la détente… Une fois de plus, certains membres de son gouvernement lui reprocheront son laxisme face à l'Union soviétique.

Le 26 juin 1963, pour montrer le soutien des États-Unis aux Berlinois de l'Ouest face à la pression soviétique, Kennedy déclare : « *Ich bin ein berliner* », phrase devenue maintenant historique… Il revient aussi à JFK d'avoir envoyé des soldats américains au Vietnam mais il fait plancher des experts sur sa nouvelle politique au Sud-Vietnam. Avec le National Security Action Memorandum n° 263, il annule cet ordre et met en place un dispositif afin qu'une partie des troupes soit rentrée pour Noël et que la totalité soit rentrée au pays dans le courant de l'année 1965. De nouveau, il obtient le soutien d'une opinion qui commence à se lasser de la guerre et des cercueils plombés qui reviennent par centaines de la zone de conflit, mais irrite les dirigeants des multinationales de l'armement et surtout les partisans de la guerre issus des cercles conservateurs auxquels il s'est déjà heurté avec le débarquement à Cuba, puis lors de la « crise des missiles ».

Au moment de son assassinat, il laisse beaucoup de projets. Mais le temps lui a manqué pour veiller à leur bonne réalisation. Déjà, dans l'ombre, ceux qui sont décidés à en finir avec l'« Ère Kennedy » complotent.

CHAPITRE 2

LE 22 NOVEMBRE 1963

« Viens, tu seras reçu avec amour comme un héros. »

Hymne national du Texas

Aujourd'hui, quarante ans après, neuf Américains sur dix ne croient plus à la thèse officielle de l'administration républicaine du tireur isolé mais à la présence de plusieurs tireurs sur Dealy Plaza, lieu de l'assassinat de JFK. Depuis quarante ans les preuves s'accumulent, les langues se délient, des témoins qui n'osaient pas parler se confient malgré le nombre élevé de morts qu'il y a eu autour de cet assassinat. L'enquête qui suit cet assassinat est certainement la plus troublante de ce siècle. Sam Giancanna, grand mafieux dont nous ne manquerons pas de reparler dans cette affaire, a d'ailleurs déclaré qu'*« un secret ne peut être gardé par trois personnes que si seulement deux d'entre elles sont mortes*[1] ».

Historiens ou enquêteurs privés, tous arrivent à des conclusions parfois assez surprenantes, des plus farfelues aux plus fouillées. Mais, même si nous ne prenons en compte que les faits officiels, il apparaît que la thèse entretenue par le pouvoir politique au fil des années et selon laquelle un seul homme, Lee Harvey Oswald, aurait agi sous l'effet d'une pulsion soudaine et irréfléchie n'est pas crédible.

Protection éloignée...

En effet, pour qu'un Président puisse sortir, se déplacer, il existe tout un protocole à respecter, des consignes de sécurité très strictes, une présence militaire et celle des services secrets. Fletcher Prouty explique qu'une unité spéciale était affectée à la protection présidentielle sur ordre des services secrets. À Dallas le général Campbell crut qu'elle n'était pas utile. Il y en aurait une sur place. Jusqu'au 21 novembre la presse annonçait que le cortège allait déboucher de Main Street et continuerait tout droit pour traverser ce terre-plein baptisé Dealy Plaza. Le même jeudi soir à 11 heures le parcours fut changé par les services du maire, Earl Campbell. Le cortège devait tourner à droite dans Houston Street puis à gauche dans Elm. Ce qui voulait dire que Kennedy allait se jeter tout droit dans le

1. Source : *Notre homme à la Maison Blanche* de S. et C. Giancanna aux éditions Robert Laffont.

piège mais aussi passer par le bâtiment où l'on avait posté le futur coupable. Pour Garrison cela impliquait trois équipes (deux équipes chargées de tirer depuis la butte gazonnée... et une équipe à l'arrière mais pas au 6e étage.) Tout concordait car dans cette zone la limousine ne pouvait pas rouler à plus de 16 ou 18 km/heure. Ce qui voulait dire que Kennedy constituait une cible statique pour des tireurs expérimentés.

Or, force est de constater qu'en ce 22 novembre 1963 bien peu des mesures minimales de sécurité sont respectées : aucune présence militaire, plusieurs fenêtres grandes ouvertes aux étages de nombreux immeubles sur le passage du cortège, pas de capote sur la voiture présidentielle, aucun tireur d'élite aux endroits sensibles, un itinéraire non conforme ; et la sécurité personnelle du Président elle-même laisse fortement à désirer au point qu'il lui en coûtera la vie. Ses gardes du corps sont sortis et ont bu toute la nuit du 21 au 22 novembre. Comme si cela ne suffisait pas, alors que le FBI venait d'enregistrer 400 menaces d'assassinat du Président, Robert Craig révèle dans une interview accordée à Jim Garrison que peu de temps avant l'arrivée de Kennedy à Dallas, le Shérif a convoqué les policiers en tenue, en civil et les inspecteurs pour leur dire de rester en faction mais de ne pas se mêler de la sécurité du cortège : « *Ce qui voulait dire que nous étions spectateurs et rien d'autre.* »

Aussi est-il difficile d'admettre que ces gens qui sont censés être qualifiés au point de risquer leur vie dans certaines circonstances pour leur Président soient sujets à de telles négligences sans que l'on se pose la moindre question. Dans un tel contexte et avec les menaces d'attentats qui pèsent, les responsables de la sécurité n'auraient-ils pas dû, par exemple, faire fermer les fenêtres des immeubles, procéder à des fouilles complètes de ces bâtiments, poster des membres des services secrets aux endroits critiques ? Là, rien de tout cela... Étrange, d'autant que le président Kennedy se rend à Dallas, dont il est admis que cette ville qui lui a tout juste accordé sa préférence (50,5 %) aux élections présidentielles de 1960 devant le républicain et très conservateur Richard Nixon (48,5 %), ne l'aime pas beaucoup. Cette région, ne l'oublions pas, est aussi l'une de celles des anciens esclavagistes qui n'apprécient pas plus la loi anti-ségrégation raciale que Kennedy vient de faire promulguer en 1960 que l'ouverture des écoles publiques et des universités aux citoyens noirs ou son soutien ouvert à Martin Luther King pour les droits civiques. Dire donc que les gens de Dallas sont de droite est un euphémisme. Dallas représentait la droite poussée à l'extrême. Cette ville a deux préoccupations : le pétrole et les armes. Beaucoup de Dallassiens pensaient que Kennedy était un danger pour le monde libre.

Le plus ironique, c'est que la veille de son assassinat, JFK déclare qu'un tireur d'élite caché dans un de ces grands buildings pourrait facilement faire mouche. Il ne se doutera alors jamais à quel point cette déclaration va s'avérer prémonitoire... La tournée présidentielle commence le 21 novembre quand un hélicoptère décolle de la Maison Blanche pour conduire M. et Mme Kennedy à la base des forces aériennes d'Andrews. L'avion présidentiel les y attend et décolle vers 11 heures pour se rendre à San Antonio qui est la première étape de leur voyage au

Texas. Quatre arrêts sont prévus : San Antonio, Houston, Dallas et Austin.

Les roses jaunes étaient rouges

La journée du 22 novembre commence pourtant comme toutes les autres. Le Président a dormi à l'hôtel de Fort Knox et se lève de bonne heure pour aller prononcer un discours, juste devant ce dernier, à l'attention des personnes qui partent travailler.

Sa délégation est sûre qu'il n'y aura pratiquement personne car en plus de ne pas y être apprécié, une forte pluie tombe. Mais, à la surprise générale, le peuple a répondu à son appel. Kennedy refuse le parapluie qu'on lui tend et fait son discours à l'arrière d'une camionnette. Les gens hurlent « *On veut Jackie !* » Face à cet enthousiasme inattendu de la foule, JFK répond avec humour que Mme Kennedy se prépare, qu'elle met certes plus de temps que lui mais qu'elle obtient de bien meilleurs résultats. Réplique qui provoque un énorme éclat de rire et l'ambiance est à la bonne humeur. Contre toute attente, la visite à Dallas est vraiment une réussite. Personne ne se doute alors que ce sera sa dernière allocution…

Une délégation lui offre aussi un chapeau texan mais, n'aimant pas se déguiser en public, Kennedy promet de le porter le lundi suivant à la Maison Blanche, invitant ses compatriotes à faire le déplacement s'ils veulent le voir le porter. Onze minutes en avion permettent de relier Fort Knox à Love Field.

À 11 h 38, en ce 22 novembre, Air Force One, le Boeing 707 du président des États-Unis, atterrit à l'aéroport Love Field de Dallas. Le vice-président Lyndon B. Johnson et son épouse, John Connally, gouverneur du Texas, et son épouse les accueillent à leur arrivée avec une délégation locale conduite par le maire de Dallas, Campbell. La journée s'annonce chaude. John sourit en voyant la foule qui s'est amassée à la descente de l'avion. Jackie à ses côtés est éblouissante, habillée d'un tailleur Chanel rose avec une toque assortie. La femme du maire Campbell s'approche d'elle et lui offre un bouquet de roses rouges. La future veuve repensera, plus tard, à ce bouquet... Sur le moment même elle n'y trouve rien d'étrange, mais après le drame elle se souvient que les roses jaunes sont l'emblème du Texas dont l'hymne s'intitule *Yellow roses of Texas* qui sera d'ailleurs joué à leur descente d'avion. Avant de se rendre au Trade Mart, le plus grand centre d'affaires de Dallas où 2 500 convives l'attendent pour écouter le discours qu'il a prévu de prononcer, ils défilent par le centre de Dallas. Personne dans l'équipe de Kennedy ne s'imaginait qu'il y aurait autant de monde lors du passage présidentiel. Une vingtaine de voitures composent ce cortège. En tête les motards de la police de Dallas, puis la voiture pilote qui annonce l'arrivée du Président et doit précéder la voiture présidentielle de quatre cents mètres. Juste devant quatre à six motards doivent tenir les foules à l'écart. Arrive donc la voiture présidentielle conduite par l'agent spécial William Greer et accompagnée par Roy Kellermann qui a, entre autres, pour mission d'assurer la liaison radio avec la voiture de tête ainsi qu'avec l'escorte.

Cette voiture, une Ford Lincoln Continental modèle 1961, de type Heiss & Eisenhardt convertible, immatriculée

GG 300, a la particularité d'atteindre les 100 km/h en quelques secondes avec son puissant moteur huit cylindres de 350 chevaux. Derrière cette dernière, roule au pas une autre décapotable. Conduite par le chef de la police Curry, elle transporte à son bord huit agents de sécurité – quatre assis et quatre sur les marchepieds –, dont Sorrels et Lawson ainsi que le shérif J. E. Decker du comté de Dallas. Puis, arrive ensuite la voiture du vice-président Johnson qui est accompagné du sénateur Ralf Yarborough, suivie elle-même par une autre voiture des services secrets puis par plusieurs autres véhicules. Même un autocar a été loué pour transporter les différentes personnalités. Pour la première fois, curieusement, la voiture des journalistes se trouve en fin de cortège. La visite à Dallas est vraiment une réussite. Personne dans l'équipe de Kennedy ne s'imaginait qu'il y aurait autant de monde lors du passage présidentiel.

« Monsieur le Président, vous allez vous mettre dans un beau guêpier ! »

Kennedy se rend aussi à Dallas afin de résoudre un problème au sein de son parti entre le gouverneur Connally et le sénateur Yarborough. Le Président s'est tourné vers Johnson pour régler le différend mais ce dernier n'a pas été capable de s'en sortir. JFK a donc dû s'en mêler. De plus, Dallas représente un enjeu majeur pour les élections présidentielles à venir de 1964, avec ses vingt-cinq sièges au Sénat. Dallas est vraiment le nœud du problème pour le Président. Et JFK a décidé de venir dans la deuxième ville de l'État du Texas, centre commercial, financier et siège du marché du coton comme de nombreuses compagnies pétrolières et de l'armement. Sa décision est irrévocable malgré les avertissements d'Arthur Schlesinger Jr., conseiller du Président, de Byron Skelton, avocat à Dallas, qui a écrit à Robert Kennedy en lui expliquant que le voyage du Président l'inquiétait : une personne dont il ne cite pas le nom a déclaré que «*Kennedy était un danger pour le monde libre*». Hale Boggs lui a dit : «*Monsieur le Président, vous allez vous mettre dans un beau guêpier.*» Même un article dans le journal d'Austin prédit alors qu'il ne s'en sortirait pas vivant... Mais JFK déclare qu'il est impensable qu'un Président des États-Unis ne puisse pas se rendre dans une ville américaine et qu'il fera donc ce voyage, reprenant cette expression qu'il a utilisée dans son livre *Profiles in Courage* : «*Un homme fait ce qu'il doit, en dépit des circonstances personnelles...*» C'est pour lui une question de principe et, démocrate, il ne peut imaginer que des individus soient prêts à assassiner le Président des États-Unis pour une raison ou une autre.

Plusieurs coups de feu

Événement inattendu, le Président et sa femme sont acclamés par une foule en liesse. La voiture présidentielle fait quelques arrêts pour saluer des enfants ou encore des religieuses. Et même si il y a quelques pancartes injurieuses, celles-ci sont noyées dans la foule. La Lincoln progresse lentement. Ils entrent dans Elm Street. Mme Connally se retourne vers le Président et lui dit : «*Vous ne pouvez pas dire que Dallas ne vous aime pas, Monsieur le Président !*» Sous la chaleur écrasante, Jackie pense à l'ombre que le pont va lui apporter. La météo a pourtant prévu un temps pluvieux mais l'après-midi le temps s'est dégagé. Jack a même demandé à sa femme de retirer ses lunettes de soleil, souhaitant que les Américains de Dallas puissent mieux la voir.

Au même moment un commentateur de la WCBS commente cette venue : « *Le cortège présidentiel est actuellement en train de remonter la rue pour se rendre au Trade Mart, pour le déjeuner au cours duquel le Président va faire un discours… Les trottoirs qui longent les rues sont pleins de monde depuis ce matin et…* (une seconde de silence)… *Euh…* (silence encore)… *Il semble qu'il se passe quelque chose… Des policiers se précipitent vers la limousine… Restez à l'écoute… Je me trouve actuellement dans le centre de Dallas… Plusieurs coups de feu viennent d'être tirés… Je répète des coups de feu viennent d'être tirés…* »

Le débit du speaker s'accélère, le vacarme des sirènes est assourdissant ; il dit : « *Attendez, je peux voir des motos arriver et des agents des services secrets se précipitent vers la voiture. Maintenant ils empêchent tout le monde de s'approcher. Il semble que quelque chose a touché le Président. Les services secrets entourent la limousine. Le gouverneur Connally a été touché… Le Président Kennedy a été touché à la tête… Je répète le Président des États-Unis a été touché à la tête !! Le Président a été touché à la tête* », s'écrie-t-il. Le commentateur déclare : « *Une foule gagne le haut du talus, le long de Elm Street, près de l'autoroute de Stemmons. Plusieurs policiers en font partie. Restez à l'écoute.* » Et de reprendre : « *La voiture présidentielle passe devant moi à grande vitesse. Les gardes du corps sont debout dans la voiture, armés de mitraillettes. Quelqu'un dans la voiture a peut-être été touché. L'hôpital de*

Parkland a été mis en alerte pour une grave blessure par balle[1]*.*»

À ce même moment toutes les radios et les télévisions interrompent leurs programmes pour annoncer la nouvelle : à 12 h 30 en ce 22 novembre, le 35e Président des États-Unis, à l'âge de 46 ans, vient d'être abattu en plein cortège à Dallas. L'Amérique s'arrête, elle attend, elle prie, elle espère...

« Une balle lui a traversé le cerveau »

À 12 h 36, la limousine est au Parkland Memorial. Jackie, consciente de la gravité de la situation, refuse de laisser partir son Jack, elle répète : «*Laissez-le moi, vous savez qu'il est trop tard*»...

Connally est d'abord évacué et transporté d'urgence en salle d'opération tandis que d'autres médecins essayent tout pour sauver leur Président. Vu la gravité des blessures de Kennedy, certains agents appellent déjà Lyndon Johnson, *Monsieur le Président*. Aux environs de 12 h 40, le prêtre Huber Oscar vient, à la demande de Jackie, administrer les derniers sacrements. JFK n'est plus.

Mais à 13 h 33, Malcolm Kilduff, porte-parole de la Maison Blanche, annonce l'horrible nouvelle en ces termes : «*Le Président John F. Kennedy est décédé à approximativement 13 heures, heure locale, ici, à Dallas... Il est mort*

1. Journal télévisé : La dernière heure du 22 novembre 1993 (traduction).

d'une blessure par balle au cerveau. Le docteur Burkley m'a dit clairement et simplement qu'une balle lui avait traversé la tête.»

Des femmes s'évanouissent, des hommes hurlent et on peut même voir des agents des services secrets en larmes. Les seuls mots qui peuvent résumer l'ambiance sont douleur, incompréhension et colère. Les États-Unis ainsi que la planète entière entament alors un des plus longs deuils de leur histoire, sur lequel la lumière n'a toujours pas été faite.

CHAPITRE 3

COMMENT ILS ONT FALSIFIÉ L'HISTOIRE

« Lee Harvey Oswald n'a jamais tué qui que ce soit seul ou avec quelqu'un d'autre. »

Jim GARRISON

Au moment même où les médecins font tout pour sauver le Président mourant, l'étau se resserre autour de Lee Harvey Oswald. Le mensonge et la falsification se mettent en route. À 12 h 45 un premier avis de recherche est lancé : « *Attention Police, nous sommes en droit de penser que l'assassin est un homme de race blanche, trente ans environ, 1,80 m et 75 kg…* » Il est répété à 12 h 55 et 13 h 01. Cet appel est entendu par un agent en patrouille à Oak Cliff, J. D. Tippit. À 12 h 54, Tippit envoie un message pour dire qu'il se situe dans le centre de la ville.

À 13 heures, Oswald arrive à la pension d'Oak Cliff où il loue une chambre. Il y sera aperçu par sa logeuse Mme Roberts. Deux minutes plus tard, une voiture de police s'arrête et klaxonne deux fois avant de repartir, toujours selon les dires de cette dernière. À 13 h 05 elle est au téléphone avec une amie et voit Oswald se diriger et attendre à l'arrêt de bus avec en poche un Smith et Wesson calibre 38 et des munitions.

Tippit est en train de patrouiller dans son secteur. Peu après le croisement entre la 10e rue et l'avenue Patton l'agent croise Oswald qui correspond au signalement.

Mais, restons logiques, combien d'Américains présents à Dallas ce jour-là ressemblent à cette description ? Toujours est-il que Tippit s'arrête à hauteur de l'individu et échange quelques mots. Tout d'un coup le policier sort de sa voiture. Il a juste le temps de faire deux pas quand soudain il reçoit plusieurs balles. Il s'effondre et ne parvient pas à prendre son arme. Le meurtrier fait le tour de la voiture par l'avant et lui tire une balle à bout portant dans la tempe. Tippit meurt sur le coup. Pourquoi s'est-il arrêté ? En quoi l'individu lui a-t-il paru suspect ? Correspond-il au signalement que vient de diffuser le quartier général de la police après l'assassinat du Président et que Tippit a sûrement entendu ? Il est abattu à 1,5 kilomètre du lieu où Oswald loue une chambre ! Quand on sait qu'il faut trois minutes trente à un coureur dynamique pour parcourir cette distance !... Oswald, lui, met deux fois plus de temps.

Il faut aussi savoir une chose très importante : les douilles retrouvées sont celles d'une arme de marque Remington et

Winchester. C'est la même que celle d'Oswald à la différence près que la sienne n'éjecte pas les douilles automatiquement. Rien que ce fait aurait dû disculper Lee Harvey Oswald. Pendant ce temps, au Texas School Book Depository, deux armes seront retrouvées. Selon Roger Craig, adjoint du Shérif, qui se situait à 15 ou 20 cm maximum du fusil, il a vu marqué sur le canon 7,65 Mauser.

L'autre arme est un Manlicher Carcano qui appartenait à un certain A. J. Hiddel. Ce qui lie Oswald à l'arme et donc à l'assassinat car au moment de son arrestation, la police retrouvera deux cartes d'identité : une au nom de Lee Harvey Oswald et l'autre au nom de Alek James Hiddel.

Un autre problème pour Roger Craig est que les douilles expulsées sont dans une position peu ordinaire. Le Shérif Money était avec lui quand il a trouvé les douilles. Il y en avait trois à côté de la fenêtre du 6e étage. Elles étaient rangées côte à côte dans la même direction, position trop symétrique. Il n'y a pas non plus d'empreintes sur les boîtes. Ce Manlicher a donc été commandé chez Klein et est enregistré au nom de Alek J. Hiddel. Dès que le lien fut établi entre le Manlicher et Oswald, le Mauser disparut.

De son côté, Oswald continue sa descente dans la ville et se réfugie au Texas Theater. Il entre sans payer, fait qui conduit la caissière à appeler la police. Les policiers arriveront avec 15 voitures de police qui encerclent le cinéma et arrêtent Lee à 13 h 51. À ce moment Lee n'est accusé que d'être rentré sans avoir payé son ticket, et toutes les voitures de police sont là. Il n'en reste pas une en attente alors que la police est à la recherche de l'assassin de John Kennedy. Il sera donc arrêté une heure et vingt minutes après le drame. Il est mis en garde à vue. Deux pièces d'identité sont retrouvées sur lui : une au nom de Lee Harvey Oswald et l'autre au nom de A. J. Hiddel.

Il est 14 h 30 à bord d'Air Force One, Lyndon B. Johnson, le nouveau Président, prête serment et devient le 36e président des États-Unis. À ses côtés Jackie toujours vêtue de son tailleur tachée de sang. Elle voulait que le monde voit ce qu'ils avaient fait à son mari. Ils ont embarqué le corps du Président pour le ramener à Washington, ce qui est en parfaite violation de la loi texane.

Le premier à interroger Oswald est James Leavelle, agent en charge de l'enquête sur l'assassinat de J. D. Tippit. Dès l'arrestation d'Oswald, Hoover, le patron du FBI, prend l'enquête en main et se rend directement sur place. Il met un tel acharnement à dire qu'Oswald est le seul assassin, que nous sommes en droit de nous poser la question de savoir s'il ne cherche pas à protéger le FBI. Voici un mémo qui le prouve, rédigé par Nicolas Katznebach.

Cela voulait dire que normalement la loi stipulait que l'État du Texas devait faire son enquête et que donc le corps du Président Kennedy devait rester à Dallas. Ce n'est pas ce qui s'est passé.

Les services secrets ont emmené de force le corps du défunt pour le ramener à Washington une heure après l'annonce de son décès.

Fin de journée, Oswald est amené devant les journalistes. Il y déclare :

> **Lee Harvey Oswald** : Je ne comprends rien à la situation… Personne ne m'a rien dit sauf que l'on m'accuse d'avoir assassiné un agent de police… Je ne peux rien dire d'autre. Je demande que quelqu'un vienne me défendre comme les lois américaines m'y autorisent.
>
> **Un journaliste** : Avez-vous tué le Président ?
>
> **Lee Harvey Oswald** : Non monsieur, je n'ai tué personne. On ne m'accuse pas de ça. Personne ne m'a rien dit. Les premiers qui m'en ont parlé sont les journalistes.

Plus tard il dira même : « *C'est un coup monté. Je suis un bouc émissaire.* »

Afin de compléter leurs dossiers et de chercher toutes les preuves, les enquêteurs vont faire subir des tests à la paraffine à Oswald. Alors qu'on lui demandait s'il était d'accord ou pas pour procéder à ces tests, Oswald leur répondra : « *Je n'attendais que ça.* »

Selon Leavelle, il n'a jamais vu quelqu'un accusé d'un double meurtre aussi calme. Plus calme que n'importe quel criminel dans ces circonstances. Il dira même : « *Mettez-vous à sa place : il vient de tuer deux personnes dont le Président des États-Unis, on a retrouvé l'arme du crime. À sa place, vous ne seriez pas inquiet ?* »

Il va être interrogé pendant des heures par le capitaine Fritz, ce même capitaine qui pendant trente ans niera avoir pris des notes de l'interrogatoire d'Oswald. On les déclassifiera en 1992. Oswald n'avouera jamais rien sauf d'avoir frappé un agent de police. Il faisait allusion au policier Adam lors de son arrestation au cinéma Texas. Pendant son interrogatoire, Fritz va présenter à Lee Harvey Oswald deux photos de lui tenant une arme. Preuve tangible pour la police. Mais nous allons y revenir. Quelques heures plus tard, les résultats des tests à la paraffine tombent.

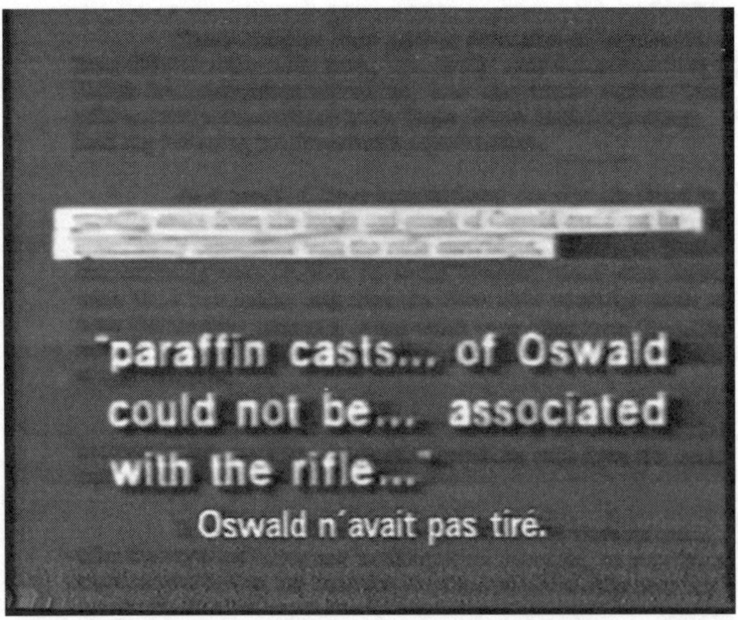

Les tests à la paraffine d'Oswald
ne peuvent être associés avec le fusil.

Pourtant à 1 h 30 du matin, il sera inculpé de l'assassinat de Kennedy parce que les tests aux nitrates sont positifs !

Bien sûr, le document prétendant l'inverse sera dissimulé. Il ne sera porté à notre connaissance que bien plus tard par Jim Garrison...

Le lendemain alors que les policiers transfèrent Oswald à la prison du comté, il est abattu dans le parking au sous-sol du commissariat devant pas moins de 70 policiers, une foule de journalistes et des millions de téléspectateurs qui suivent l'enquête minute par minute. Son assassin est le très connu Jack Ruby. De son vrai nom Jacob Leon Rubinstein. Il tient un bar au centre de Dallas où se retrouvent souvent les policiers de Dallas. Il n'y aura donc pas de procès et nous ne connaîtrons jamais la version d'Oswald. Ce crime supplémentaire aurait pu être évité de deux manières :

– Julia Ann Mercer se rend le 22 novembre dans les bureaux du FBI et explique ce qu'elle a vu et authentifie même Jack Ruby. Voici sa déclaration[1] :

LE DÉPARTEMENT DU SHÉRIF, COMTÉ DE DALLAS, TEXAS.
Devant moi, l'autorité sous-signée ce 22e jour de novembre 1963, apparaît en personne Julia Ann Mercer, âgée de 23 ans, demeurant au 5200 Belmont, au numéro 208, à Dallas et employée par la firme automat distributors au 1720 Canton à Dallas.

Elle dépose et indique :

Le 22 novembre 1963, je conduisais une voiture de location blanche de type Valient en direction de l'Ouest

1. Déclaration de Julia Ann Mercer. Traduction : Pierre Pinaudesbois.

sur Elm street et je me dirigeais vers le passage supérieur et à un endroit situé à environ 45 ou 50 pieds à l'est des panneaux aériens de l'entrée droite du passage supérieur, il y avait un camion garé du côté droit de la route.

Le camion paraissait avoir 1 ou 2 roues qui empiétaient sur le rebord de la route et vers le haut. Le capot du camion était ouvert. Du côté du conducteur du camion, il y avait les lettres imprimées sur fond, et de forme ovale, qui indiquaient « Air Conditionné ». C'était un petit camion et à l'arrière du camion il y avait ce qui semblait être des boîtes à outils. Le camion était un Ford vert possédant une plaque minéralogique du Texas. Je me rappelle avoir vu le mot « Ford » à l'arrière du camion. Un homme était assis au volant du véhicule et était avachi sur le volant. Cet homme portait une veste verte, c'était un homme blanc de 40 ans environ et plutôt corpulent. Je ne l'ai pas vu très distinctement. Un autre homme était à l'arrière du camion et a allongé le bras par-dessus la porte rabattable arrière et a retiré du camion ce qui semblait être un étui de fusil. Cet étui mesurait environ 8 pouces de large à sa partie la plus large et était effilé en forme de cône vers le bas et d'une dimension de 4 ou 5 pouces. Il était de couleur marron. Il était équipé d'une poignée et il mesurait environ 3,5 à 4 pieds de long. L'homme qui a retiré ceci du camion a alors étendu le bras pour le libérer et commencé à marcher en s'éloignant du camion. Il a alors poursuivi en traversant la pelouse et vers le haut de la butte qui fait partie du passage supérieur. C'est tout ce que j'ai vu de cet homme.

J'avais été retardée parce que le camion que j'ai décrit bloquait mon passage et j'ai dû attendre que la file sur ma gauche soit dégagée pour que je puisse dépasser le camion.

Pendant que je me trouvais à cet endroit et que j'ai observé l'incident précité, il y avait 3 policiers debout

> en train de bavarder près d'une moto sur le pont juste à l'Ouest de l'endroit où je me trouvais.
> L'homme qui a retiré du camion ce qui paraissait être un étui à fusil, un homme blanc, qui paraissait avoir 29 ou 30 ans et il portait une veste grise, un pantalon marron et une chemise écossaise pour autant que je m'en souvienne le mieux. Je me rappelle qu'il portait un genre de chapeau qui ressemblait à un chapeau de laine avec un gland au milieu. Je crois que je suis en mesure d'identifier cet homme si je le revois.
> L'homme qui est resté dans le camion avait des cheveux bruns et je crois que je pourrais l'identifier également si je devais le revoir.
>
> (signé) Julia Ann Mercer.
>
> Déclaré sous serment devant moi ce 22e jour de novembre 1963.
>
> (signé par) Rosemary Allen.

– Gordon Shanklin, membre du FBI, déclara qu'il avait prévenu qu'un correspondant anonyme avait menacé d'assassiner Oswald pendant son transfert. L'appel, exactement le même, parvint à Billy Graham, Shérif, pour le prévenir que le plan était changé et qu'ils allaient donc l'abattre. Un autre appel fut donné au bureau du FBI.

Il est donc clair que quelqu'un a donné l'ordre à Jack Ruby d'abattre Oswald.

L'autre fait est que le FBI avait été prévenu à plusieurs reprises que quelqu'un allait attenter à la vie d'Oswald…

Pour éviter toute enquête indépendante et ne pas laisser libre cours aux rumeurs de complot communiste, Johnson décida de créer une commission présidentielle.

La Commission Warren...

Celle-ci voit le jour le 29 novembre 1963 avec à sa tête le juge de la Cour suprême Earl Warren, un républicain ; les libéraux ont beaucoup d'estime pour lui. Tout le monde pensait qu'elle ferait sa propre enquête mais avant même que la Commission Warren ne rende ses conclusions, le FBI rend public son rapport daté du 9 décembre 1963. Leurs conclusions ne peuvent diverger. La question est de savoir comment un homme aussi respectable que le juge Warren a pu accepter ce fait accompli. Nous ne pouvons que supposer qu'ils ont compris ou que des personnes se sont chargées de leur faire comprendre la nécessité de trouver une solution politiquement acceptable. Imaginez seulement la pagaille si la Commission Warren avait rendu des conclusions différentes de celles du FBI. Surtout ne jamais s'opposer au FBI et à son tout-puissant patron, J. Edgar Hoover, si vous tenez à faire carrière. C'est ainsi qu'après neuf mois d'enquête elle rend ses conclusions : Lee Harvey Oswald, âgé de 24 ans, est le seul et unique responsable dans l'assassinat de John F. Kennedy. Il a agi de son propre chef pour des motifs personnels... Personnage introverti et avide de reconnaissance de la part du monde extérieur, il trouve là un motif de satisfaction et l'occasion de rentrer, à sa manière, dans l'histoire. Ainsi mettait-il fin à l'ascension du plus jeune et médiatique Président que s'étaient donné les États-Unis. Il a tiré trois coups de feu :

– le premier ratera sa cible et ricoche sur le bord du trottoir de Main Street,

– le deuxième, aussi appelé la « balle magique ». Elle atteint le Président Kennedy dans le dos, entre la colonne vertébrale et la partie gauche de l'omoplate droite, pour ressortir par la gorge. Cette même balle va ressortir et va atteindre le gouverneur Connally dans le dos pour ressortir par la poitrine avant d'aller fracturer sn poignet droit pour terminer sa course dans la cuisse gauche,

– le troisième coup de feu va atteindre Kennedy à l'arrière droit du crâne au niveau de la région temporale. La balle va faire exploser la partie supérieure de la boîte crânienne.

Lee Harvey Oswald est au 6e étage du Texas School Book Depositary qui se trouvait derrière le Président au moment des tirs. Pour réaliser son exploit, il a utilisé une carabine de type Manlicher Carcano. Lee Harvey Oswald est aussi le meurtrier de l'agent J. D. Tippit avant de se faire arrêter au Texas Theater. Les critiques commencent, les contradictions aussi…

Jim Garrison…

D'abord pilote de chasse, ensuite membre du FBI. Il est élu district Attorney en mars 1962 à La Nouvelle-Orléans. C'est son premier mandat. C'est la première fois qu'un magistrat politiquement indépendant est nommé à ce poste. Il a alors 43 ans.

Il entend de nombreuses critiques sur les conclusions du rapport et entreprend la lecture des 26 volumes de la Commission Warren. Le 1er mars 1967, il arrête Clay Shaw et l'accuse de complicité dans l'assassinat de Kennedy. Plusieurs personnages vont être mis en lumière : Clay Shaw, alias Clay Bertrand, David Ferrie et Jacob Leon Rubenstein dit « Jack Ruby ». Selon Fletcher Prouty, ancien membre de la CIA, Garrison a quand même réussi à prouver une chose, à savoir que Clay Shaw faisait bien partie de la CIA.

Il sera le seul à prononcer une inculpation et à engager une action en justice dans l'assassinat de Kennedy. Pour lui, la CIA est coupable. Mais des ennuis vont s'abattre sur lui et sa crédibilité va être sérieusement atteinte. On lui reprochera une enquête trop rapide et quelquefois trop superficielle, faute de temps et surtout de moyens. Les médias vont s'acharner en voyant dans son enquête plus un « coup de pub » qu'une véritable quête de la vérité. Des témoins vont disparaître avant d'avoir pu témoigner ou dont le témoignage apparaît peu crédible. Mais il a réussi à ouvrir des pistes à d'autres chercheurs et à éveiller l'opinion publique. Jusqu'à sa mort, il y a peu, il dira : « *L'État américain est complice, au minimum, de dissimulation de documents dans l'assassinat de JFK. Car j'ai démontré que l'enquête ne colle pas... Lee Harvey Oswald n'est pas coupable !* »

Le HSCA...

Le House Select Committe of Assassination est le comité restreint de la Chambre des représentants sur les assassinats. Il fut chargé de compléter et d'éclaircir le travail de la Commission Warren. Ses membres parviendront à trois conclusions assez importantes :

1° Lee Harvey Oswald a bien fait feu à trois reprises sur le Président John F. Kennedy. Le deuxième et le troisième coup de feu atteignirent bien le Président et le troisième le tua ;

2° Une preuve scientifique de nature acoustique est mise en évidence. Cette preuve les a conduits à la forte probabilité que deux tireurs avaient fait feu ;

3° Sur la base des preuves à disposition, le comité pense que l'assassinat du 35e Président des États-Unis a été l'œuvre d'un complot dont il ne connaît pas l'étendue. Ils sont aussi incapables d'identifier le deuxième tireur.

4° Carlos Marcello, Santos Trafficante, James R. Hoffa, conclut le HSCA, ont eu la possibilité, la volonté et les moyens d'organiser un complot contre JFK. Mais il n'y a rien qui prouve de manière claire leur participation…

L'ARBB

Dès lors, les soupçons éveillés par les dissimulations du gouvernement ébranlèrent la confiance en l'intégrité des agences fédérales et nuisirent très fortement à leur crédibilité. Finalement à la suite, surtout, des conclusions du film d'Oliver Stone, *JFK*, le Congrès adopta le John F. Kennedy Assassination Records Collection Act de 1992 (JFK Act), ordonnant la réunion et l'ouverture de tous les dossiers se rapportant à la mort du Président. Il avait pour objectif de réexaminer les dossiers que les agences considéraient toujours comme étant trop confidentiels pour être révélés au public. Ses principales tâches ont été :

– La révision de plus de 27 000 documents sur l'assassinat rédigés antérieurement ;

– L'obtention de l'accord des différentes agences (CIA, FBI,… pour diffuser 33 000 documents) ;

– La diffusion du film de Zapruder ;

– L'ouverture de documents de la CIA ;

– La diffusion de 99 % des documents concernant les enregistrements de la CIA sur le voyage de Lee Harvey Oswald à Mexico ;

– Une interview de l'agent Hosty dont les coordonnées avaient été retrouvées chez Oswald ;

– La diffusion des notes de l'interrogatoire de Lee Harvey Oswald alors que depuis le début, le gouvernement certifiait qu'aucune note n'avait été prise lors de son arrestation ;

– La clarification du rapport médical ;

– Classifier des documents se rapportant à l'accusation de Clay Shaw par Jim Garrison ;

– Obtention de la diffusion complète des documents du FBI décrivant leurs tentatives pour suivre les activités d'Oswald en Europe avant l'assassinat ;

– Accessibilité au public de tous les documents du FBI et de la CIA provenant d'investigations officielles antérieures ;

– Acquisitions pour le peuple américain de séquences filmées représentant des événements entourant l'assassinat dont certaines portions n'avaient jamais été montrées au public ;

– La sponsorisation de l'analyse balistique et médico-légale de la pièce à conviction 567.

Cette balle s'était logée dans le siège de la limousine. Le HSCA avait déjà recommandé cette analyse en 1978 mais elle n'avait jamais été réalisée.

– La préservation de manière permanente de toutes les photos de l'autopsie ;

– Et enfin la révision des dossiers de l'IRS et de l'impôt de sécurité sociale, de l'emploi et des revenus sur Lee Harvey Oswald.

Pour les membres de la Commission Church sur la CIA, il y a un gros problème. Ceux-ci ne comprennent pas pourquoi, alors que Kennedy avait décidé de normaliser ses relations avec Fidel Castro, deux agents de la CIA sont allés remettre une seringue à un homme dans le but d'éliminer Castro : cette opération s'appelle Ansplach.

Pourtant, malgré ces différentes tentatives de clarifier cette enquête, de nombreuses zones d'ombre restent encore très présentes. C'est le cas notamment de ces fameuses photos que la police de Dallas a présentées comme preuves. Depuis de nombreuses années, une polémique s'est installée autour de ces documents. Pour les uns ils sont faux, et pour d'autres ils sont vrais. Alors, qu'en est-il exactement ? Voici ce qu'après analyse, des experts en photographie ont déclaré. Plusieurs choses sont à remarquer avant de commencer l'analyse. Il y a une différence d'ombre et une différence de position, une des deux photos a été prise de plus près que l'autre.

Peu après l'arrestation d'Oswald, la police découvre deux photos d'Oswald tenant un fusil d'une main et de l'autre un journal communiste. Steven Jaffi, expert photographe engagé par Jim Garrison, révèle que celui qui a pris une photo d'Oswald a placé le visage de Lee sur le corps de quelqu'un d'autre. Pour donner au visage de droite un air différent il a modifié les cheveux et incliné la tête. Ce faisant il a incliné l'ombre portée sous le nez. Qu'il s'agisse d'un même visage est facile à montrer. Vous superposez le visage de droite sur le visage de gauche. Les traits correspondent ! Mais en le remettant en place vous voyez qu'on l'a incliné. Preuve supplémentaire : la position des corps. Celui de droite paraît plus proche de l'objectif que celui de gauche, auquel cas la tête devrait être plus grosse. Mais on voit qu'en la faisant glisser sur la gauche, elles sont semblables. Donc les deux corps devraient avoir la même taille. Ce n'est pas le cas non plus. Stéphane Laruelle, photographe et spécialiste des fausses photos, confirme ce fait.

Une conclusion s'impose : les photos, ces photos que la police présente alors comme preuves, sont truquées !

Oswald, lui, a toujours prétendu que ces photos sont truquées et qu'il peut le prouver. Comme Jim Garrison le découvrira plus tard, Oswald a reçu une formation d'expert en photographie, il aurait donc pu prouver cette manipulation. Les policiers retrouveront chez Oswald pour plus de 3 000 dollars de matériel photo. Pas du matériel d'amateur. Mais il n'aura pas le temps de prouver quoi que se soit.

Il y a quand même plusieurs faits à considérer : le manque de chance d'Oswald et le manque de chance de la commission. En fait le résumé de cette enquête est comparable au sketch du comique Jean-Marie Bigard et de sa chauve-souris enragée... C'est-à-dire qu'il faut admettre beaucoup de choses pour accepter la conclusion...

Mais les différentes commissions ont également soulevé des points importants qui portent des coups sérieux à la crédibilité des conclusions officielles. D'autres éléments auraient dû être pris en compte, comme par exemple toutes les déclarations des différents témoins qui certifiaient avoir vu plusieurs personnes dans les buissons sur le côté du Triple Underpass ou encore le fait que plus de 100 témoins ainsi que des policiers vont monter sur cette butte. En fait, rien ne concorde...

Étude balistique

Au moins 80 % des témoins placent les coups de feu de derrière la clôture qui se trouve au-dessus d'une petite butte appelée aussi le Grazy Knoll. Le monticule était à droite et devant le Président. Pourtant au cours de son enquête, la Commission Warren éliminera le fait que des tirs aient pu être tirés du monticule herbeux.

Un témoin déclare qu'il est sûr et certain que les coups de feu qu'il a entendus proviennent du monticule. On voit sur le film d'Orville Nix qu'un motard va descendre de sa moto et courir arme au poing derrière la clôture.

Pratiquement tous les témoins interrogés ce jour-là déclareront que les coups de feu proviennent du monticule. Plusieurs diront même avoir vu de la fumée. Certains sont plus précis et disent que le troisième coup de feu provient de derrière la clôture.

Pour réaliser l'exploit qu'attribuait à Oswald la Commission Warren, il fallait être un excellent tireur. Or Oswald était vraiment plus que moyen comme tireur. Ses tests dans le corps des Marines nous le prouvent.

L'arme commandée par Lee chez Klein mesurait 90 cm, c'est ce qui figurait sur la publicité, mais le fusil retrouvé au Texas School Book Depositary mesurait un mètre. En plus, cette arme, au dire d'Egard J. Hoover, avait une gâchette rouillée et une culasse qui ne fonctionnait pas bien.

Image 197

Totalement floue, vraisemblablement la première détonation, personne ne semble touché…

On observe d'ailleurs que la fillette en blanc semble interrompre sa course et regarde en direction du Library School.

Image 225

JFK est visiblement touché, il porte ses mains à hauteur de sa gorge, le tir vient probablement de face et non de dos. Premier tir raté par le tireur du Library School ; la seconde équipe de tir prend le relais.

La limousine sort de l'écran formé par le panneau et l'homme au parapluie. Le parapluie est un moyen de communication visuelle. Cette technique est toujours utilisée à l'heure actuelle. Le coup du parapluie s'appelle un flash dans le jargon policer. Cela représente un signe, par exemple, ouvert signifie GO et fermé veut dire interrompre l'opération.

Un indicateur pour le tireur ?

Image 227
Cette nouvelle détonation fait sursauter Zapruder.

Image 235

JFK semble pris d'un soubresaut vers l'avant ; soit il suffoque, ce type de blessure à la gorge pouvant entraîner des difficultés respiratoires, soit un second tir l'atteint au dos et le pousse vers l'avant.

Le tir vient du Library School…

Image 236

Ce second tir aurait pu toucher Connally qui entame à ce moment précis un retournement vers le Président. Connally a la bouche entrouverte : peut-on imaginer qu'il parle avec JFK à ce moment ? C'est peu probable. On ne peut négliger l'hypothèse selon laquelle il aurait pu être touché également par cette balle… (dans le dos) car il fait tourner son chapeau entre ses mains.

Deux tirs en l'espace de dix images soit plus ou moins trois secondes ?…

Image 244-247-248

Connally parle au Président ou plutôt il crie, à voir ses efforts d'articulation.

Il entrouvre tellement la bouche à cet instant qu'il semble grimacer.

En réalité, il vient probablement d'être touché pour la seconde fois.

Le mouvement du gouverneur est très nettement interrompu (touché au poignet droit et à la cuisse gauche).

Le tir ne saurait provenir que du Library School dans la mesure où le poignet droit et la cuisse gauche sont cachés par la portière de la limousine.

Le dos du gouverneur est déjà tourné vers son épouse donc il ne peut plus être pris pour cible…

Jusqu'à présent, seuls JFK et Connally semblent réagir, et personne ne réagit dans la limousine…

La version officielle dira donc que tous les coups de feu proviennent de la fenêtre la plus à l'est de l'immeuble. Pendant toute la durée de l'assassinat, le dépôt a toujours été derrière et à droite. C'est un fait : pratiquement tous les témoins diront que la plupart des coups de feu viennent de l'avant et de la droite du Président.

Image 299

Connally et JFK s'affaissent pratiquement simultanément vers leurs épouses.

Image 313

Le coup de grâce pour JFK. Un tir puissant qui semble venir de l'avant droit et non de l'arrière…

On pourrait croire qu'il s'agit d'un tir à bout portant – tir tendu, ou qu'il s'agit d'un calibre beaucoup plus puissant que les précédents, peut-être un calibre de guerre.

Pourrait-il s'agir d'une balle explosive « dum dum » ?

Observons les photos **312** et **313**. Au moment de l'impact, la tête de JFK s'incline légèrement vers l'avant (observation de l'angle formé avec la tête et l'épaule) pour être ensuite projetée vers l'arrière...

Les blessures à la tête sont toujours plus impressionnantes...

On peut donc dénombrer au moins cinq tirs. L'hypothèse du tireur isolé semble définitivement oubliée.

Mais c'est une fois de plus loin de l'explication de la Commission Warren. Celle-ci explique qu'il y trois tirs en 5, 6 secondes :

– Pour la Commission Warren, le premier coup de feu ne pourra être tiré de la fenêtre d'Oswald qu'à l'image 210. La balle manque sa cible et va blesser James Tague qui se trouve près du pont.

– Le deuxième coup de feu appelé aussi plus vulgairement « la balle magique ». Connally est blessé à l'image 224. Ce qui laisse un maximum de trois quarts de seconde pour tirer ces deux coups de feu. Or le Manlicher Carcano nécessite un temps de 2 secondes 3 dixièmes pour pouvoir tirer deux coups de feu. Donc il n'y avait pas assez de temps pour un seul tireur dans ces 14 images. Donc il y avait 2 tireurs ! Ce qui pose un gros problème pour la Commission Warren. Voici donc la naissance de la balle magique inventée par Arlen Specter, conseiller de la Commission. Elle a été surnommée ainsi en raison de sa trajectoire tout à fait particulière : la balle rentre par le dos du Président, entre la colonne vertébrale et la partie inférieure gauche de l'omoplate droit pour ressortir par la gorge. Elle va faire un demi-tour sur elle-même pour rentrer dans le dos du gouverneur Connally. Puis, elle va ressortir par-devant en lui brisant des côtes... Mais cette balle ne s'arrête pas là. Elle va rentrer dans le poignet, lui briser l'os et le tendon, et puis va plonger pour aller lui blesser le genou. Cette dernière sera retrouvée sur un brancard à l'hôpital dans un état hors du commun ! Après avoir occasionné autant de blessures, cette balle sera intacte. Elle sera identifiée en tant que pièce à conviction n° 399 :

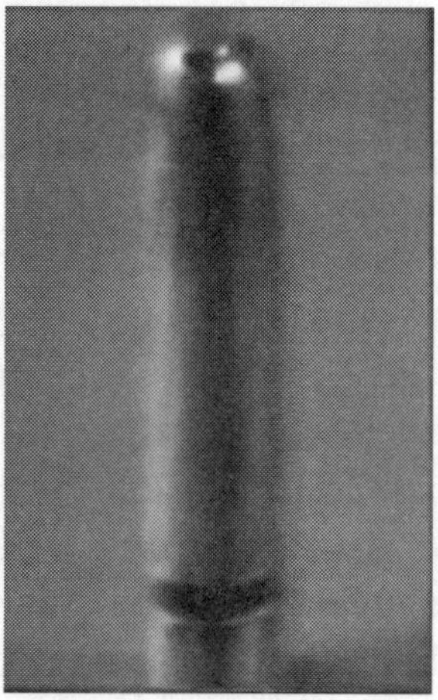

– Le troisième sera le coup fatal. Il touchera Kennedy à la tête.

Le témoin qui se trouvait près du pont et qui a été blessé d'un éclat de balle ou de ciment.

Le HSCA a rendu public en 1978 le rapport des experts en acoustique. Leur conclusion est qu'il y a 95 % de chance qu'au moins 4 coups de feu de deux directions différentes aient été tirés.

Le micro de motard qui se trouvait à 8 voitures derrière celle du Président capte les détonations et les a retransmises au quartier général de la police où toutes les transmissions radio étaient enregistrées. Ces enregistrements dictabels contiennent les impulsions de 6 voire de 7 coups de feu. Le micro ouvert du policier a brouillé la fréquence radio au moment de l'assassinat et encore un certain temps après. Les experts acoustiques de la Commission se sont rendus à Dallas. Ils ont tiré et enregistré le bruit des coups de feu pour les retransmettre en impulsions et les comparer à ceux de l'enregistrement. Les experts ont tiré depuis la fenêtre d'Oswald et depuis le Grazy Knoll. Dans un mémorandum, le conseiller de la Commission Robert Groden avait demandé que des tests soient effectués depuis tous les points supposés de tirs en plus des deux endroits connus. Sa demande est restée lettre morte. Les experts n'ont pu établir de correspondance acoustique que pour 4 des 7 coups de feu. Le premier, le second et le quatrième venaient de l'arrière de la voiture. Le troisième provenait du sommet du monticule. Preuve de la présence d'un second tireur. Selon eux, le tireur se tenait à 2 m 50 à gauche de l'angle de la clôture. Ce qu'atteste la photo de Mary Moorman qui montre une silhouette le long de la clôture exactement à l'endroit où les experts avaient localisé les tirs. Les autres coups de feu ont été ignorés car ils ne correspondaient pas aux impulsions des tirs tests. Pourtant, ils existent puisqu'ils ont été enregistrés. Ce qui prouve qu'au moins 3 coups de feu ont été tirés d'un autre endroit. Ce qui prouve la présence d'un troisième tireur. Pourtant il subsiste quand même un autre problème car les deux premiers coups de feu confirmés tirés par-derrière ont été tirés à 1 seconde 6 dixièmes d'intervalle. Or il faut au minimum 2,3 secondes pour réarmer le Manlicher Carcano trouvé sur place, ce qui ne laisse même pas le temps de viser. Donc, le second coup de feu a été tiré trois quarts de seconde trop tôt pour provenir du prétendu fusil d'Oswald. Ce qui prouve la présence d'un quatrième tireur. Cette photo de Mary Moorman montre le Président moins d'une demi-seconde après qu'il a reçu une balle dans la tête. À l'arrière de cette photo on voit plusieurs formes : Black Dog Man et la silhouette d'un homme en uniforme de la police qui tire au fusil derrière la clôture. C'est la sœur du président Jimmy Carter, Ruth Stapelton, qui a remarqué ce visage en 1978. Il sera baptisé « Badgeman ». Véritable policier ou homme déguisé ? Le coup de feu mortel a certainement été tiré par un de ces trois hommes.

Comme dira Robert Groden « il est peut-être trop tard pour que justice soit faite mais il n'est jamais trop tard pour la vérité ».

Autopsie :

Kennedy était devenu le patient n° 24740. Il présentait les symptômes suivants à l'hôpital Parkland :

- Visage intact.
- Yeux ouverts et divergents.
- À son arrivée, on percevait encore à peine son pouls.
- Respirait par intermittence et très faiblement.
- Tension artérielle nulle.

• L'hémisphère droit du cerveau manquait (en voyant cette blessure, on pouvait affirmer avec certitude que la balle avait pénétré le crâne du Président au niveau de la tempe droite d'une façon presque tangentielle, endommageant sur son passage l'os pariétal et l'occipital avant de remonter à l'arrière du crâne où l'on relevait une plaie béante. Le diamètre de cette blessure était de 9 à 10 cm de large sur la droite).
• Au cou on apercevait un trou de la largeur d'un stylo.

L'équipe médicale présente ce jour-là a vraiment tout fait pour sauver la vie du Président. Dans ce but, le docteur Malcolm Perry a utilisé cette plaie et fait une petite incision de 19 mm afin d'y introduire une canule trachéale.

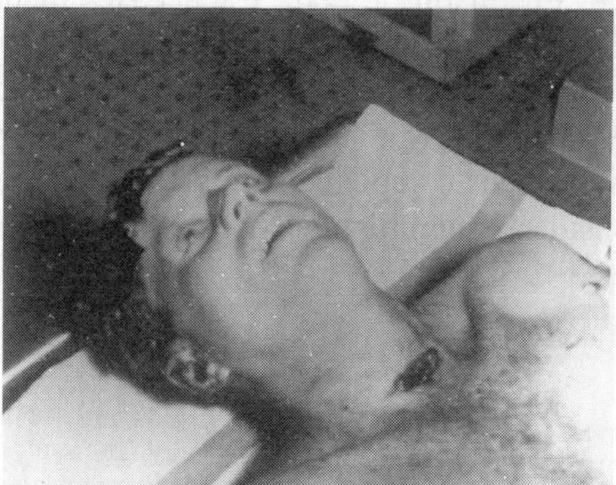

«*Mme Kennedy s'est comportée de façon admirable. Elle était évidemment en état de choc. Elle nous a remis un morceau de cerveau. Elle a préféré rester à l'intérieur jusqu'au moment de l'arrivée du prêtre pour donner l'extrême-onction*», déclare le docteur McClelland.

L'autopsie, depuis le début, suscite le plus gros problème dans le rapport de la Commission Warren. La seule pièce qui aurait pu permettre un examen crédible et utile puisque c'est la seule chose qu'on ne savait pas « trafiquer », était le cerveau du défunt Président qui est censé être enfermé aux Archives nationales américaines à Washington. Or, quand la Commission sénatoriale a voulu le voir pour le faire réexaminer, le cerveau avait disparu.

Les médecins de Dallas confirmeront que Kennedy avait une petite plaie à la gorge, petite et nette d'une largeur de 3 à 5 mm (un document l'atteste). Pour sauver la vie du Président, le docteur Malcolm Perry a utilisé cette plaie et pratiqué une petite incision de 19 mm afin d'y introduire une canule trachéale. Cette plaie est devenue très large. En raison de cette trachée, les médecins de Bethesda ne savent pas qu'il a eu une trachéotomie et donc ne sont pas au courant qu'il avait à cet endroit une blessure par balle. Malheureusement, il était trop tard pour des examens complémentaires. Cette plaie sera toujours considérée comme plaie d'entrée par les médecins de Dallas.

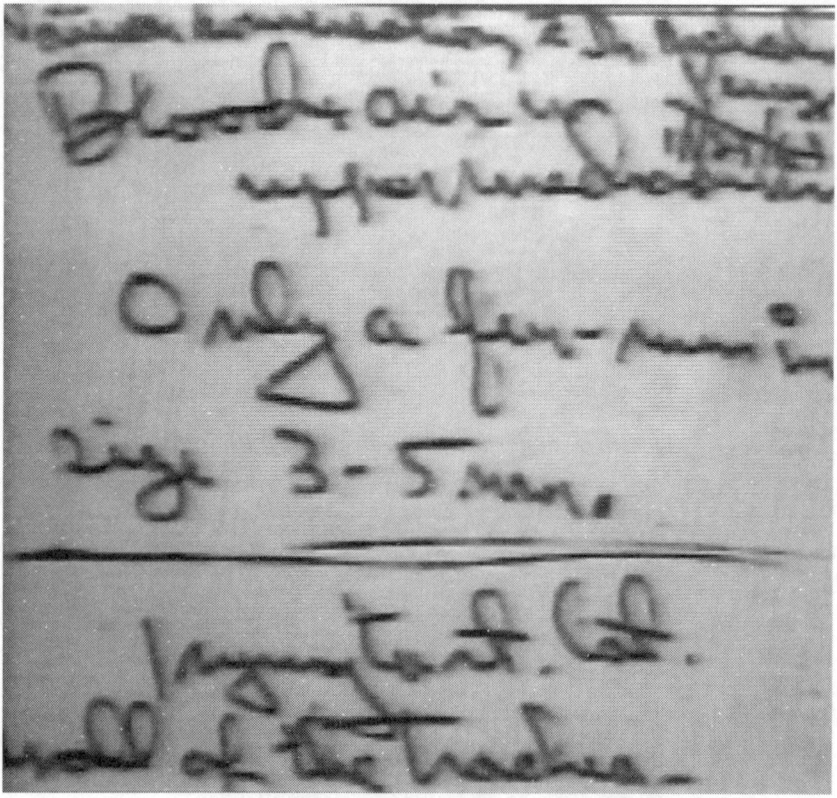

Le lendemain, dans les journaux, apparaîtra la version officielle de l'hôpital de Dallas qui dira : « *On a tiré sur le Président par devant à la gorge. La balle a suivi une trajectoire plongeante dans le corps et elle n'est pas ressortie.* »

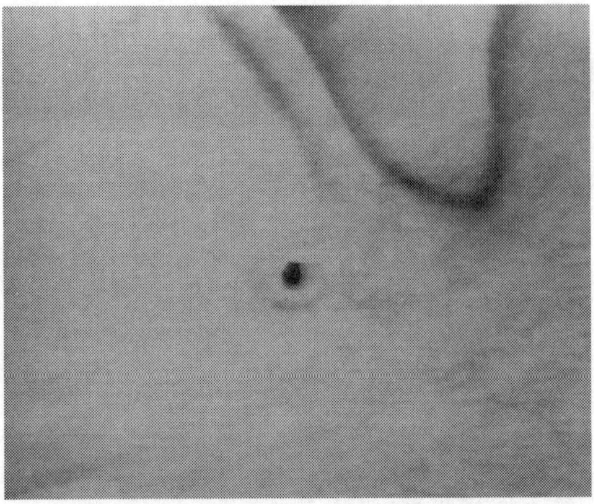

Dessin d'un des médecins présents à l'hôpital.

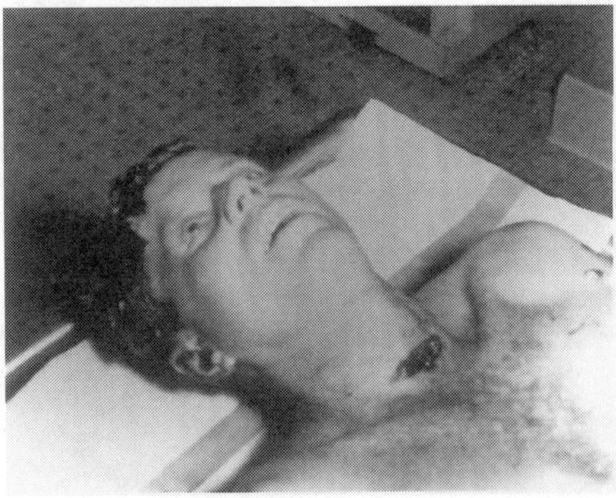

Photographie officielle de la Commission Warren.

La Commission Warren ne tiendra pourtant pas compte des avis des médecins de Dallas. Mais comment cette plaie d'entrée est-elle devenue une large plaie sans aucune trace de la trachéotomie ? L'incision est faite à un endroit précis de façon propre et nette. Elle doit être obligatoirement faite dans le sens vertical.

Étant donné que les médecins de Dallas ont constaté ce trou de 3 à 5 mm et que l'hôpital de Bethesda affirme que le cadavre du Président est arrivé avec ce trou béant à la gorge, le plus logique c'est que cette plaie a été « trafiquée » entre les deux hôpitaux. Or c'est le FBI qui a transporté le corps. Qui a trafiqué le corps et dans quel but ? La seule explication plausible est qu'il y avait bien une balle et que quelqu'un, au sommet de la hiérarchie du renseignement, le savait. Il a donc fallu l'extraire avant que les radios de l'autopsie officielle ne soient prises. En effet, si l'on découvrait une balle de face le mythe de l'assassin solitaire ne tiendrait plus et par conséquent l'arrestation d'Oswald non plus !...

Ce document, déclassifié il y a quelques années, le prouve :

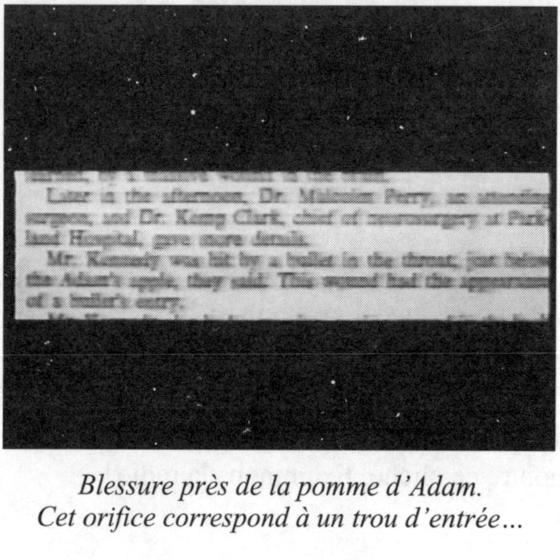

Later in the afternoon, Dr. Malcolm Perry, an attending surgeon, and Dr. Kemp Clark, chief of neurosurgery at Parkland Hospital, gave more details.

Mr. Kennedy was hit by a bullet in the throat, just below the Adam's apple, they said. This wound had the appearance of a bullet's entry.

Blessure près de la pomme d'Adam.
Cet orifice correspond à un trou d'entrée...

Selon Robert McClelland, la plaie se situait à l'arrière du son crâne. Un fragment est tombé sur la voiture. C'est d'ailleurs pour cela que Jackie Kennedy a essayé de sortir de la voiture par le coffre, juste pour récupérer le morceau de cervelle de JFK.

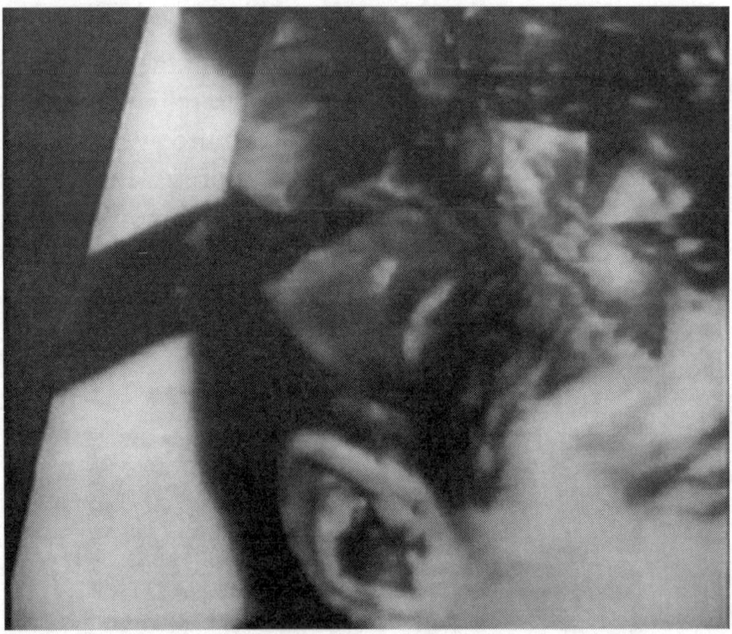

Voici donc la photo officielle du crâne de JFK. Toutes les déclarations des médecins et personnels hospitaliers nous disent et confirment qu'il manquait au Président l'arrière de son crâne. Une fois de plus, ce n'est pas ce que nous montre ce cliché. Examinons la radio !

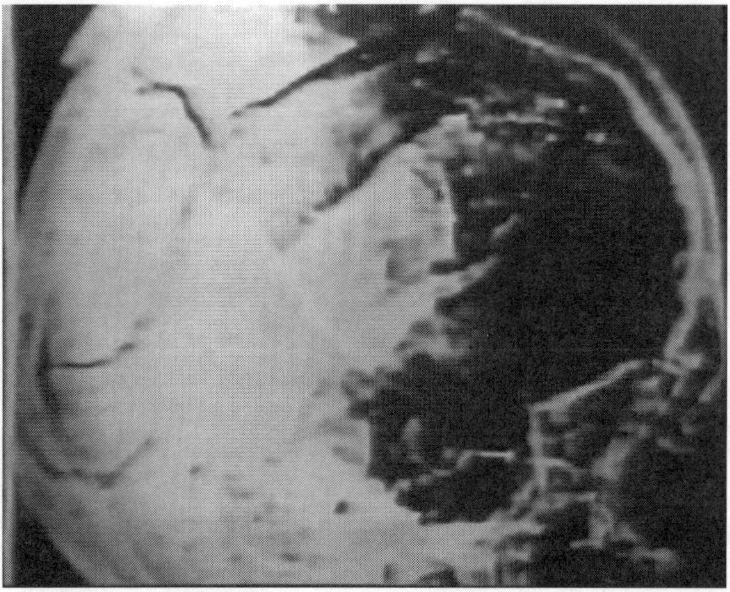

En superposant la photo et la radio nous allons nous apercevoir que les blessures ne correspondent pas, alors qu'elles sont censées être les radios et photos officielles : les conclusions qui peuvent en être tirées sont simples. Soit ce n'est pas John Kennedy sur ces photos, soit les radios ne sont pas les siennes.

Voici l'endroit précis où tous les médecins, Jackie Kennedy, les témoins et toutes les personnes qui ont vu John Kennedy situent la blessure :

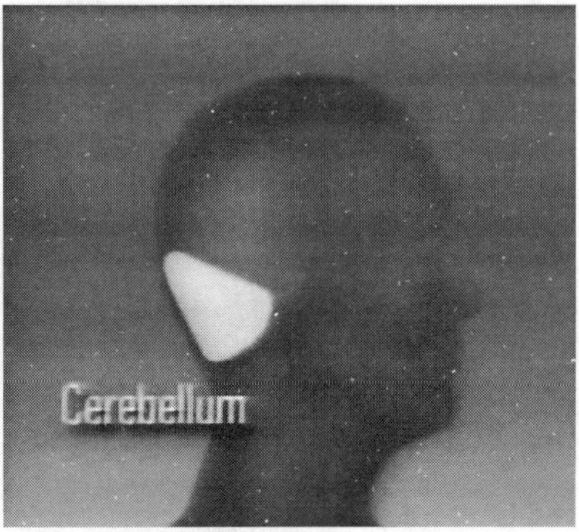

La Commission Warren a fait dessiner un croquis pour représenter l'angle d'entrée de cette balle :

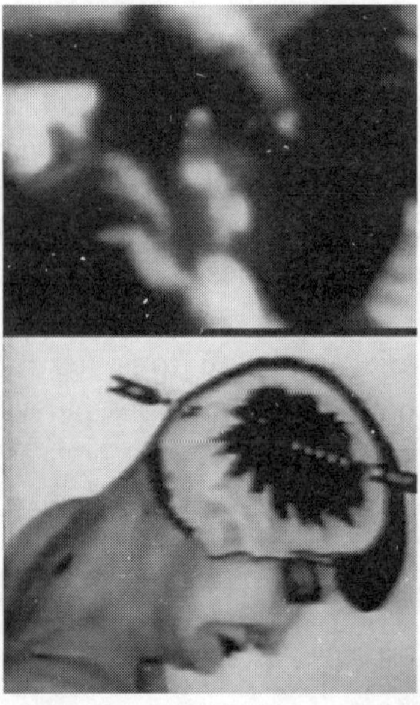

Et voici, grâce à Robert Groden, ce que nous aurions dû voir :

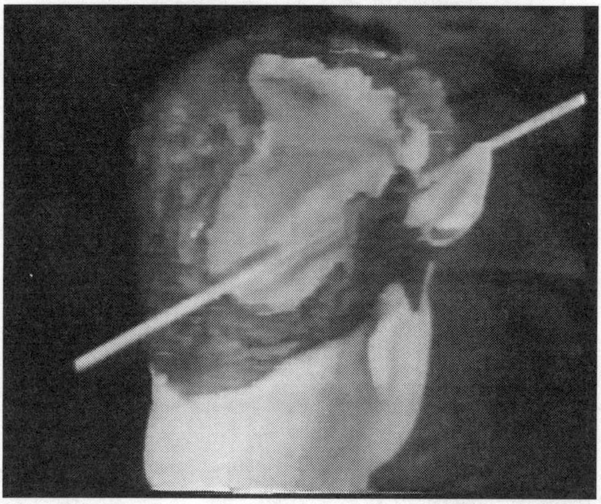

Comme vous pouvez le remarquer, rien ne concorde, rien n'est juste. Il reste la dernière blessure à examiner. Cette blessure se situe dans le dos ; elle est censée être le point d'entrée de cette fameuse « balle magique » qui, rappelons-le, ressortira par le cou du Président avant d'aller blesser le gouverneur Connally.

Le docteur G. Burkley, médecin personnel de JFK, signera le certificat de décès de Kennedy et placera aussi la blessure dans le dos à 13 cm en dessous de l'épaule. Ce que prouvent sa chemise et sa veste. Ce que montreront aussi les photos sauf qu'elles montreront deux trous.

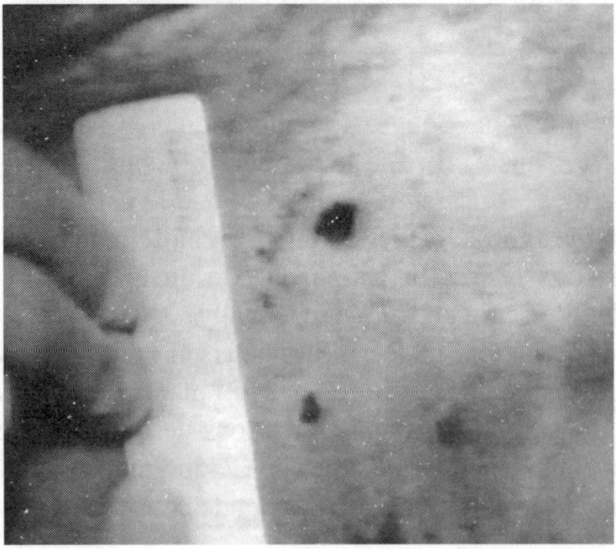

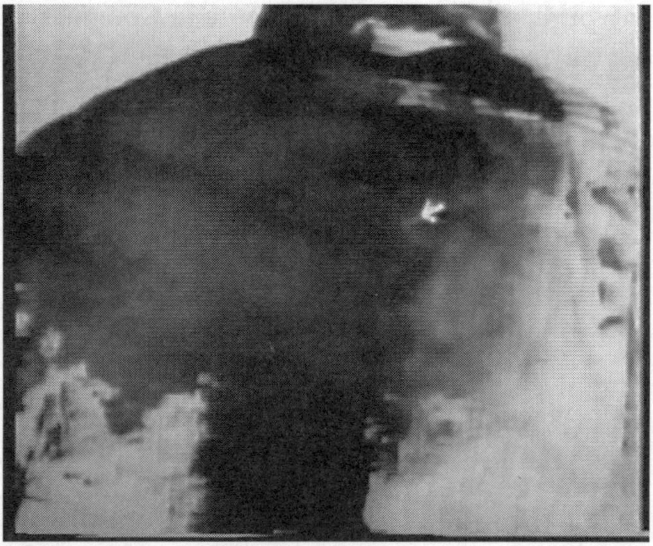

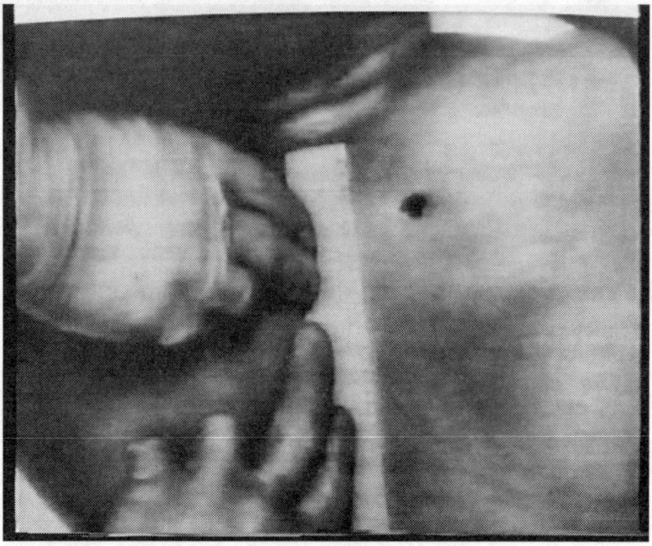

Photos de la Commission Warren.

On voit deux trous sur la photo de la Commission et nous n'en voyons plus qu'un sur le dessin du HSCA.

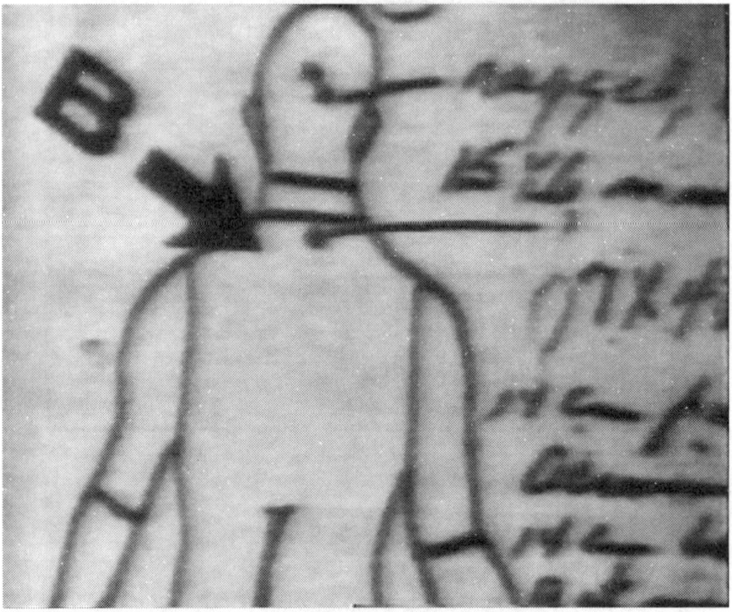

Dessin du HSCA.

Et voici le croquis d'un des médecins qui ont tout tenté pour sauver la vie du Président.

Tous ces faits sans exception nous démontrent qu'il y a bien eu une manipulation au niveau de l'autopsie et que nous sommes en droit de nous poser la question de savoir si c'est bien le corps de JFK qui nous est montré ou si c'est le corps de quelqu'un d'autre comme certains semblent le prétendre.

Pour ma part, je me fie aux conclusions de l'Université de Liège, qui a travaillé sur le sujet. Voici ce qu'il en ressort :

UNIVERSITÉ DE LIÈGE Liège, le 18.08.2003
INSTITUT MÉDICO-LÉGAL
39, rue Dos-Fanchon
4020 Liège

N° d'ordre Docteur Ph. BOXHO : **5736**

Rapport médico-légal concernant :

John Fitzgerald KENNEDY

Je soussigné BOXHO Philippe, docteur en médecine, docteur en médecine d'expertise, licencié en criminologie, chargé de cours à l'Université de Liège, professeur de médecine légale, ai rédigé à la demande de Madame Caroline LEBEAU, ce qui suit concernant les circonstances médico-légales possibles et probables du décès de John Fitzgerald KENNEDY, me basant sur :
– les photographies et radiographies réputées issues de l'autopsie,
– le film d'Abraham ZAPRUDER tourné au moment des faits.

Ce rapport n'est basé sur aucun autre document, la plupart étant orientés soit dans le but de démontrer qu'il n'y avait pas complot soit dans le but de démontrer qu'il y en avait un.
L'objet de ce rapport étant, se basant sur les éléments les plus objectifs possible, de se faire l'idée la plus objective possible de la manière dont fut assassiné John Fitzgerald KENNEDY le 22.11.1963 à 12.30 heures à Dealey Plaza à Dallas, Texas.

Étude de documents :

1. LES PHOTOGRAPHIES ET RADIOGRAPHIES PRISES LORS DE L'AUTOPSIE

Auxquelles se fier ?
Vice d'implantation des cheveux entre deux photographies réputées du même crâne selon le même angle, apparition de lésions modifiées selon les clichés, etc.
Il apparaît évident que beaucoup de moyens ont été mis en œuvre pour que le doute subsiste, y compris quant aux lésions réelles du Président KENNEDY, imposant que seules des suppositions puissent être posées.

De ces photographies, nous relevons trois zones lésionnelles :
– au crâne à droite,
– au dos, en région de l'omoplate droite,
– à la face antérieure du cou.

1.1. ***Lésions de la zone crânienne droite***
En ce qui concerne cette zone lésionnelle, nous disposons de deux types de clichés :
– ceux où le visage est visible,
– ceux où le visage n'est pas visible et qui montrent essentiellement la face postérieure du crâne.

1.1.1. *Les photos où le visage est visible*
On y voit un dégât crânien intéressant la partie droite du crâne, constitué par plusieurs fragments s'ouvrant en étoile autour d'un épicentre qui peut être situé en pariétal antéricur droit, à la limite du frontal droit.
Les lambeaux cutanés sont concentrés en partie postérieure de la lésion, n'existant quasiment pas en partie antérieure.

De tels dégâts ne sont pas possibles avec des projectiles classiques du type de celui décrit par l'enquête (balle 399) mais sont le fait de projectiles à haute vélocité ou de balles expansives.

1.1.2. *Les photos où le visage n'est pas visible*
Ces photographies montrent des éléments très variés et ont été mises en doute quant à leur authenticité à la suite de l'observation d'implantations différentes des cheveux tant au sommet du crâne que dans la nuque.
Sur certaines photographies, on note :

un flap cutané occipital inférieur droit en forme de triangle dont le sommet est libre et la base inférieure insérée sur le crâne.

Ce flap cutané est typique d'un éclatement de la peau suite à un déplacement de l'os par fracture.
Ce flap n'est pas étonnant car lors d'un traumatisme tel que celui qu'a subi le crâne du Président KENNEDY, l'énergie déployée est telle que le crâne apparaît multifragmenté, à tel point que nous appelons ce type de fracture « en sac de noix », évoquant la mobilité importante des différents fragments les uns par rapport aux autres. Dans ces conditions le crâne est fracturé non seulement dans la zone d'impact mais également, par irradiation de la force d'impact, sur toute son étendue, ce qui permet d'expliquer les lésions accessoires du cuir chevelu telles que celle décrite.

Quoi qu'il en soit, il est important de noter qu'il ne peut s'agir, vu sa forme, en aucun cas, d'un orifice d'entrée de projectile.

un orifice circulaire.

Cet orifice apparaît en partie médiane postérieure du crâne, non latéralisable.
Il apparaît circulaire, aux bords évasés vers l'extérieur.
Il ne nous est pas possible, sans une vision plus macroscopique, de déterminer s'il s'agit bien d'un orifice de

passage d'un projectile ni, *a fortiori*, s'il s'agit d'une entrée ou d'une sortie, plutôt qu'une plaie d'une autre nature.

1.2. ***Lésions de la région de l'omoplate droite***

Selon les photographies, le nombre des lésions relevées dans cette région varie du simple au triple.
En effet, sur certaines photographies on note trois lésions de forme circulaire tandis que sur d'autres, une seule est visible.

Une fois encore, les conditions dans lesquelles les photographies ont été réalisées ne sont pas mentionnées et il ne nous est pas possible de déterminer si les photographies montrant plusieurs lésions ne sont pas des photographies réalisées alors que le corps n'avait pas été nettoyé et que certaines lésions ne sont pas plutôt des caillots sanguins émanant d'une seule lésion.

Seule certitude, il y a au moins un orifice sur les photographies.
Sur photographie, il est rarement possible de déterminer avec certitude s'il s'agit d'un orifice d'entrée ou de sortie d'un projectile à moins de disposer de clichés de type macro, ce qui n'est pas le cas ici.
Toutefois, sur les photographies qui montrent un seul orifice et qui sont d'une qualité nettement supérieure, en termes de précision des détails et d'éclairage, à celles où plusieurs orifices seraient visibles, nous relevons que l'orifice est circulaire, aux bords réguliers, présentant une mince bande quelque peu érodée qui fait penser à une collerette érosive caractéristique d'un orifice d'entrée de projectile.

Sur les autres photographies, cette détermination est rigoureusement impossible à réaliser.

En conséquence :
– sur les photographies montrant un seul orifice, nous pouvons déterminer avec une certitude raisonnable qu'il s'agit d'un orifice d'entrée,
– sur les photographies montrant plusieurs lésions, toutes les hypothèses restent permises :
- un seul orifice et des caillots,
- plusieurs orifices :
  • soit d'entrée,
  • soit de sortie d'un projectile qui s'est fragmenté et dispersé.

1.3. ***Lésion de la face antérieure du cou***
Quelle que soit la photographie, on note une lésion de grande taille (5 à 7 cm) à la face antérieure et médiane du cou, à la base du relief du cartilage thyroïde, quelques cm au-dessus de la fourchette sternale.

Aucun projectile ne peut avoir créé une telle lésion qu'il soit tiré de face ou qu'il provienne du dos.
Il y a manifestement eu manipulation de cet orifice, vraisemblablement au moyen d'un instrument tranchant utilisé dans un sens transversal et aboutissant à une extension de la lésion initiale.

2. LE FILM D'ABRAHAM ZAPRUDER
Après que son authenticité a été mise en cause puis qu'il fut démontré que le film était bien authentique, plus aucune voix ne s'élève aujourd'hui contre son authenticité, munie d'un élément susceptible de nous en faire douter.

Ce film montre la voiture du Président Kennedy, vue de la droite, alors qu'elle circule sur Elm Street (Dealy Plaza) en direction du pont ferroviaire à trois voies.

Le film peut être divisé en plusieurs temps :
– on observe J. F. Kennedy qui salue la foule en regardant vers la droite,
– à un moment, sa main s'abaisse et il semble regarder dans une direction, vers la droite, puis il recommence à saluer,
– la voiture passe devant une pancarte, la rendant invisible à la caméra,
– sitôt que le Président redevient visible, on le voit qui a placé ses mains à la face antérieure de son cou tout en s'inclinant légèrement vers sa gauche,
– le gouverneur Connally se tourne vers la droite, vers le Président,
– le gouverneur Connally est alors frappé d'une violente douleur,
– le crâne du Président est atteint en latéral droit avec éclatement de la boîte crânienne et jet de sang en hauteur. Le crâne est projeté vers l'arrière et la gauche.

3. LA CONFRONTATION AVEC LA VERSION OFFICIELLE

Selon celle-ci, Lee H. Oswald se serait tenu au 6e étage d'un dépôt fédéral de livres scolaires, au 411 Elm Street, soit en arrière et à droite de la voiture du Président.
Il aurait tiré à trois reprises sur le Président Kennedy, lequel se présentait alors de dos, et alors que la voiture s'éloignait de lui.
Les projectiles sont répartis de la façon suivante :
– *un projectile* aurait atteint le Président dans le dos, serait sorti par le cou et aurait touché ensuite le gouverneur Connally,
– *un projectile* aurait atteint le crâne du Président et l'aurait fait voler en éclats,
– *un projectile* aurait manqué la cible et se serait perdu, touchant par un de ses éclats Monsieur Tague qui se trouvait près du pont ferroviaire à trois voies.

Si nous confrontons cet avis avec nos observations, nous devons faire remarquer :

– **Qu'il est impossible que le projectile qui a atteint le Président dans le dos soit sorti par la face antérieure du cou**, vu l'angle de tir et la position du corps, car il aurait fallu qu'après une trajectoire initiale descendante, il soit ensuite remonté, ce qui est impossible.

– **Qu'il est impossible que la balle qui a atteint le Président dans le dos soit celle qui a ensuite touché le gouverneur Connally** et ce pour deux raisons :
• **les angles de trajectoire** ne correspondent absolument pas et il est impossible qu'un projectile puisse dévier d'une telle manière et autant de fois. C'est l'hypothèse de la « balle magique », laquelle est rigoureusement impossible dans la pratique ;
• **le film de Zapruder** montre très clairement que le gouverneur n'est pas encore atteint quand le Président l'est à la gorge et qu'il ne présente de douleur que lorsqu'il est tourné vers le Président, soit après que le Président a été touché à la gorge.
Ce ne peut d'ailleurs être que dans cette position, en rotation vers la droite, qu'il a pu être atteint par un projectile venant de l'arrière, qui le touche à la face postérieure de l'épaule droite, sort par la 5e côte droite, arc antérieur, puis traverse le poignet droit où il fracture le radius avant d'achever sa course dans la cuisse gauche.
La trajectoire de ce projectile est donc d'arrière en avant, de haut en bas et de droite à gauche, ce qui correspond parfaitement à un tir provenant d'un tireur situé à l'arrière et en hauteur.
Ainsi, nous avons la description de la trajectoire qu'a suivie la balle qui a atteint le dos du Président.
Cette trajectoire confirme que la balle qui a atteint le dos du Président ne peut être sortie par la gorge.

– **Que la lésion qui est décrite à la base antérieure du cou n'est pas très claire quant à sa nature** si l'on se base sur sa seule observation.
Le film de Zapruder nous indique de façon certaine qu'il s'agit d'une lésion due au passage d'un projectile quand on voit le Président porter ses deux mains à son cou.
Il est possible que la lésion initiale ait été modifiée lors de tentatives de réanimation par un médecin qui aurait voulu l'utiliser comme orifice de trachéotomie.

S'agit-il d'un orifice d'entrée ou d'un orifice de sortie ?
N'ayant pas identifié de lésion qui puisse correspondre à une entrée et qui puisse être rattachée à l'orifice du cou, le désignant alors comme une sortie, force nous est de constater qu'il s'agit d'un orifice d'entrée.
Dans ce cas, il n'a pu être produit que par un tir de face, le Président ne s'étant tourné vers l'arrière à aucun moment.

– **Qu'il est impossible que la balle qui a atteint le crâne du Président** :
• **l'ait atteint de dos**.
En effet, le film de Zapruder montre très clairement que la tête du Président a été projetée au moment de l'impact vers l'arrière et la gauche, indiquant un tir de face et non de dos.
Il n'existe aucun projectile qui soit susceptible de toucher un corps et de le faire bouger vers le tireur parce que la force de décélération produite par le projectile lors de l'impact fait bouger le corps dans le même axe et dans la même direction que celle du projectile.
Le crâne ayant été mobilisé en arrière et vers la gauche, le tireur se trouvait donc en avant et sur la droite du Président.
Il ne peut donc s'agir *en aucun cas* d'un tir provenant de l'arrière ;

• ***soit du même type que les autres projectiles rencontrés jusqu'à présent.***
Les dégâts occasionnés au crâne suggèrent l'utilisation d'un projectile expansif ou à haute vélocité, ce que les projectiles utilisés jusqu'alors n'étaient pas.
Ces projectiles n'auraient pu occasionner de telles lésions au crâne.

4. CONCLUSION
De ces constatations objectives, il découle :
– Que le corps du Président devait présenter :
• soit d'autres orifices correspondant aux sorties des projectiles décrits,
• soit des projectiles à l'intérieur du corps, qui n'ont pu le quitter et qu'une autopsie a dû ou aurait dû identifier et extraire.
– Que le corps du Président Kennedy a été atteint selon deux trajectoires de tir au moins :
• **une trajectoire provenant de l'arrière**, et dont nous identifions trois tirs :
  - celui qui a atteint le Président Kennedy à l'omoplate droite,
  - celui qui a atteint le gouverneur Connally à l'épaule droite,
  - celui dont un éclat a atteint M. Tague près du pont ferroviaire ;
• **une trajectoire provenant de l'avant**, et dont nous identifions deux tirs :
  - celui qui a atteint la face antérieure du cou du Président,
  - celui qui a atteint le crâne du Président.

Certifié sincère,

Professeur Philippe BOXHO

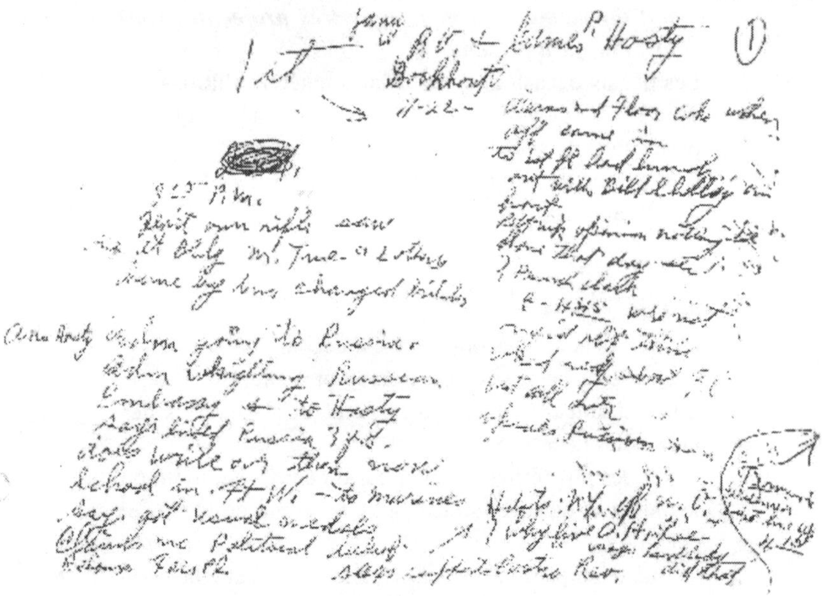

(1)

1st 11-22
B.O. + James P. Hosty
Jame W Bookout

3:15 p.m.
Didn't own rifle saw
one at Bldg M. True + 2 others
home by bus changed britches

Ans Hosty adm going to Russia
adm wrighting Russian
Embassy + to Hosty
says lived Russia 3 yrs.
Does write over then now
school in Ft W. - to Marines
says got usual medals
claims no political belief
belongs Fair Pl
Hdqts NY off N.O.
says supports Castro Rev.

claims 2nd floor Coke when
off came in
to 1st floor had lunch
out with Bill Shelley in
front
lft wk opinion nothing be
done that day etc.
? punch clock
8-4:45 wre not
rigid abt time
wked reg 1st Fl
but all over
speaks Russian

?Why live O.H. Lee
says landlady did that

Terminate interview
with line up
4:15

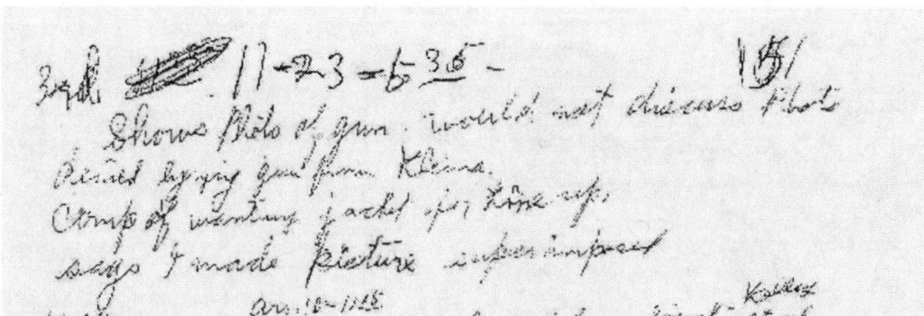

(5)

3rd 11-23 - 6:35

Shows photo of gun. Would not discuss photo
denies buying gun from Kleins.
Comp of wanting jacket for line up.
Says I made picture super imposed

arr 10-11:15
4th. 11-24 Insp Holmes - Sorrels - Kelley et al

Chief

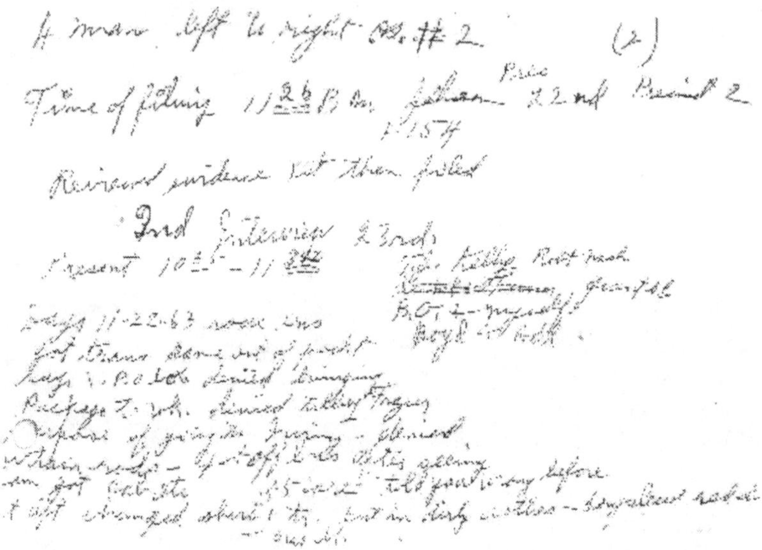

4 man left to right as #2 (2)

Time of filing 11:26 pm Johnson Pres 22nd Precinct 2
F154
Received evidence 1st then filed

2nd Interview 23rd
Present 10:35-11:34
T.J. Kelly Robt Nash
Grant ??
B.O + myself
Boyd + Hall

Says 11-22-63 rode bus
got trans same out of pocket
says 1 p.o. box denied bringing
package to wk. Denied telling Frazier
purpose of going to Irving - denied
curtain rods - got off bus after seeing
jam got cab etc .85 fare told you wrong before
at apt. Changed shirts + tr. Put in dirty clothes - long sleeve red sh
+ gray tr.

Documents provenant de l'audition d'Oswald par le capitaine Fritz déclassifiés en 1995.

Chapitre 4

ENTRE LES TROUS DU FILM, LES TUEURS

Mary Moorman prendra une photo des plus importantes car sur un de ses Polaroïds on voit une forme humaine. Il est baptisé par les chercheurs Badgeman.

Sur les photos de Hugh Betzner, Phil Willis et la photo Polaroïd de Mary Moorman apparaît Black Dog Man.

Depuis de nombreuses années maintenant, quelques clichés et non des moindres ont fait le tour des chercheurs. D'ailleurs, un chercheur américain appelé Morningstar explique que Badgeman est l'agent J. D. Tippit et qu'il aurait servi aussi à transformer le corps pour l'autopsie de JFK.

Mais depuis peu, il y a encore du nouveau et nous avons encore de nouvelles preuves photos. Toutes ces preuves sont présentes dès 1963. Nous sommes en droit de nous demander comment ils ont osé nous faire croire à la thèse de ce tireur isolé ? Les preuves sont là depuis 40 ans, avec les moyens dont les États-Unis disposent. Il est inconcevable que toutes les informations n'aient pas pu être mises en évidence sauf si, bien sûr, comme tous les faits nous le confirment des « haut placés » américains étaient compromis.

Marcel Dehaeseleer, un ex-gendarme, met en évidence une scène étrange contenue dans le film de Zapruder. Voici ses explications sur ses étranges découvertes :

> Par photo, il faut entendre « image » (frame) ; en d'autres termes, même les images issues des films amateur 8 mm sont à considérer comme étant des photos. En effet, une seconde de film représente une succession de 18 images/seconde (8 mm ou double 8 de l'époque).
>
> **N.B.** Il est important de noter que quelques instants après les faits, instruction a été donnée à tous les laboratoires photographiques de Dallas (périphérie élargie) de transmettre au FBI une copie de tous les films et photos réalisés ce jour-là sur Dealy Plaza.
>
> Dans les heures et plus largement dans les années qui ont suivi l'attentat contre JFK, toutes les photos prises le 22 novembre 1963 sur Dealy Plaza ont été exploitées pour confirmer ou infirmer la thèse d'un complot. Le plus souvent, ces mêmes photos ont plus largement participé à confirmer, sinon l'existence d'un complot, l'existence d'une série de faits pour le moins étranges. La nature humaine est telle qu'à partir du moment où un fait ne peut être expliqué de façon rationnelle celui-ci devient automatiquement suspect.
> Parmi les interrogations accréditant la thèse du complot, et suscitées par l'analyse de ces photos, certaines sont vraiment intéressantes et restent à ce jour encore partiel-

lement voire totalement inexpliquées. Les faits les plus largement connus du grand public sont: dans le film double-8 d'Abraham Zapruder, de même que sur les photos de J. W Altgens, apparaît « Umbrella Man ». En fait, il s'agit d'un homme, tout de noir vêtu, se tenant à gauche du panneau Steemon Freeway, un parapluie ouvert à la main.
Sur une photo de J. W. Altgens apparaît, sur le pas de la porte du Texas Book Depository, un homme ressemblant étrangement à Oswald qui, à cet instant précis, est censé être au 6e étage, le doigt sur la détente de son Mannlicher-Carcano (cette personne a été identifiée par la suite, il s'agissait de Billy Nolan Lovelady).

Sur le Polaroïd de Moorman apparaît une forme humaine (ressemblant à un policier en uniforme de la police de Dallas) ; cet homme sera baptisé « Badgeman » par la sœur du Président Jimmy Carter (c'est elle qui en fit la découverte en 1978).

Sur les photos de Hugh Betzner, Phil Willis et la photo Polaroïd de Mary Moorman apparaît Black Dog Man, appuyé à l'angle du mur de soutien de la pergola.

Une chose est certaine, aujourd'hui encore, il subsiste beaucoup de doutes entourant l'assassinat de JFK et l'évidence qu'Oswald n'était pas le seul tireur sur Dealey Plaza (à supposer qu'Oswald ait réellement tiré) ; aucune photo des « auteurs » des tirs n'est disponible ou du moins connue du grand public. La théorie des trois équipes (probablement quatre) est réelle et pour la première fois depuis le 22 novembre 1963. Marcel Dehaeseleer va vous apporter non seulement la preuve, mais plusieurs photos de Black Dog Man et de l'équipe 3. Cela fait 39 ans que ces photos existent et circulent librement ; à ma connaissance, personne n'a eu la sagacité nécessaire et un sens du discernement suffisamment aigu pour percevoir ce que je vais vous exposer. La clé de sa découverte se trouve dans le film de Abraham Zapruder qui, je vais vous le démontrer, a été très mal exploité par les services secrets et les chercheurs officiels et indépendants.

Le film double 8 d'Abraham Zapruder

(une des clés du mystère, disponible depuis le début)

Le film d'Abraham Zapruder renferme depuis toujours une scène étrange qui pourrait accréditer de manière irréfutable la thèse du complot. Par ailleurs, dans cette même scène, apparaît un personnage « étrange » dont la localisation et la position ne laissent aucun doute ; il s'agit de photos inédites (inconnues à ce jour) de celui que l'on a baptisé Black Dog Man.

Ce film de 26 secondes et 483 « frames » (images) a été exploité entre autres pour déterminer le timing des tirs, les intervalles entre ceux-ci, leur direction (provenance) et enfin pour établir que le tir fatal venait de face. Il est dès lors évident que la portion qui a sans doute été la plus souvent analysée se situe entre le premier tir Z-189 et le dernier Z-313. Certaines réponses se trouvaient au-delà de cette portion. Ces 124 images (Z-189 à Z-313) ont, à juste titre, préoccupé les chercheurs mais ceux-ci auraient dû porter autant d'attention à l'ensemble du film sans négliger la zone non visible à la projection. En effet, la caméra de Abraham Zapruder, Bell & Howell modèle 414PD 8 mm, possède deux caractéristiques très intéressantes et peu connues du grand public (d'autant moins connues à l'époque).

1° Les images capturées par la caméra sont imprimées sur la largeur complète du film, y compris dans la zone des trous perforés destinés à l'entraînement du film « Sprocket Hole Area » (fig. 1). Ce qui signifie que lors d'une projection classique sur écran +/– 35 % de l'image capturée sur le film n'est pas visible (fig. 2).

2° Le mode de fonctionnement particulier de l'obturateur en combinaison avec le mouvement du levier permettant l'avancement du film d'une image à la suivante a pour effet de générer une surimpression (double image), et ce, de manière constante. Ces images fantômes sont plus ou moins visibles selon l'intensité de la 1re exposition (si, lors de l'exposition initiale, le film a reçu peu de lumière, la double image sera d'autant plus perceptible). Le phénomène est appelé « Ghostlike Image » (image fantôme).

Explication de la procédure et des moyens utilisés pour l'analyse

Le film de Zapruder enfin en sa possession (version digitale remasterisée), il s'est immédiatement mis à la recherche des images fantômes répertoriées sur le site d'Anthony Marsh. Après quelques visionnages du film, il avait repéré toutes les « images fantômes » décrites par Anthony. Comme judicieusement expliqué par le docteur Marsh, les images fantômes sont constantes et particulièrement visibles lorsque la première exposition est sombre (dans la « Sprocket Hole Area »). C'est pour cette raison que jusqu'à l'image Z-450, les « Ghostlike images » les plus nettes sont celles visibles dans les vêtements sombres des spectateurs présents le long de Elm Street ou lorsque l'avant-plan est, lui aussi, particulièrement sombre (ex. : le « Steemon Freeway Sign »). Ses connaissances d'amateur averti en photographie augmentées des informations techniques relatives à la particularité de la caméra de Zapruder Bell & Howell l'amenèrent à la conclusion suivante :
S'il y a des images fantômes inconnues à ce jour, elles se trouvent à la fin du film du moins au-delà de la « frame » Z-450. En effet, à partir de l'image 450, l'avant-plan du film de Zapruder est assez sombre. À cet instant précis, la limousine présidentielle passe au-delà du mur de soutien de la pergola (« pergola retaining wall »), endroit précis où se tenait Black Dog Man. À cet instant, Zapruder ralentit le mouvement latéral de sa caméra (plan panoramique) et stabilise l'image dans une région où l'avant-plan et l'arrière-plan de la scène sont très sombres. Je me suis donc mis en quête d'images fantômes uniquement dans la zone comprise entre l'image Z-450 et l'image Z-483 (fin du film).

Méthode d'analyse : Il ne s'est pas contenté de visualiser le DVD à l'aide d'un DVD-Player de salon ayant pour unique « sortie » un banal écran de téléviseur.

Disposant d'un lecteur de DVD monté sur PC il lui est dès lors possible d'avancer et reculer dans le film image par image. Il peut également procéder à des ralentis à vitesse variable et faire des zooms dans la zone dite « Sprocket Hole Area ». Il n'a pas choisi la portion Z-450 à Z-483 par hasard ; s'il l'a sélectionnée, c'est parce que lors de visualisations « classiques » il avait remarqué la présence de variations d'intensité lumineuse dans la zone des trous d'entraînement (Sprocket Hole Area), et ce, à partir de l'image Z-450.
N.B. Il ne faut pas perdre de vue que la portion de film dans laquelle il a fait les découvertes (Z-450 à Z-483) représente seulement 33 images (photos). En d'autres termes, lors d'une projection classique à 18 images/seconde, ces 33 photos défilent en une seconde 80 centièmes (1,80 sec.). C'est dire à quel point la scène est furtive.

Il explique :

Une des clés de l'énigme sur le film de Zapruder ?

Je ne m'attendais pas à trouver ce qui suit. J'imaginais simplement pouvoir épater le docteur Anthony Marsh en lui communiquant une série inédite de « Ghostlike images » et par ailleurs, obtenir son accord pour pouvoir « poster » sur mon site une traduction en français de sa propre Homepage dédiée au film d'Abraham Zapruder.

Seulement, voilà… Je n'ai pas simplement découvert des « Images fantômes » mais bien deux scènes inédites (images animées) dans lesquelles apparaissent :

1° Cinq photos d'un étrange personnage qui, selon moi, sont de nouvelles photos « inédites » de celui que l'on a baptisé Black Dog Man ; que celui-ci soit coupable ou non de quoi que ce soit en rapport avec l'assassinat de JFK. Ces photos sont d'ores et déjà exceptionnelles en

elles-mêmes car inédites à ce jour. Ce personnage apparaît dans la zone perforée inférieure (Lower Sprocket Hole Area) sur les « frames » Z-450, Z-451, Z-452, Z-453 et Z-454.
Durée de la scène lors d'une projection à 18 i/sec. : **0,27 sec.** (27 centièmes de seconde).

2° Onze photos sur lesquelles apparaissent trois ou quatre personnes ; la scène est la suivante : sur la gauche de l'image (Z-466, Z-467), une 1re personne lance un objet « oblong » à une 2e personne se trouvant en position accroupie en face d'elle (centre de l'image). Cette deuxième personne dépose l'objet au sol dans... ce qui pourrait être un sac ou une valise. À partir de l'image Z-468, arrive sur la gauche de l'image une 3e personne (distinctement visible) qui se déplace de la droite de l'image vers le centre de celle-ci. Et enfin, sur l'image Z-475 apparaît, dans le coin inférieur gauche, l'arrière du chapeau (Stetson) d'une 4e personne (pouvant être Black Dog Man). Et... là aussi, même si je me trompe quant aux raisons de la présence de ces personnes que j'identifie comme étant « l'équipe n° 3 » ; jamais, au grand jamais depuis le 22 novembre 1963, personne n'a fait état de leur présence ou de l'existence de ces images. Ces personnages apparaissent dans la zone perforée inférieure (Lower Sprocket Hole Area) sur les « frames » Z-466, Z-467, Z-468, Z-469, Z-470, Z-471, Z-472, Z-473, Z-474, Z-475 et Z-476.
Durée de la scène lors d'une projection à 18 i/sec. : **0,60 sec.** (60 centièmes de seconde)

Conclusions

« Il n'y a malheureusement pas, à cette date, de conclusions officielles. Le 15 avril 2002, j'ai fait part de mes découvertes aux organismes d'État concernés aux États-Unis. Depuis, je suis dans l'attente d'une réponse de leur part. Je ne manquerai pas de « poster » ici les explications éventuelles que ceux-ci voudront bien me donner.

Mes conclusions sur la base de mes connaissances historiques des faits et des images que j'ai découvertes sont les suivantes : il y a bien eu complot pour assassiner JFK (ce qui depuis quelques années ne fait plus l'ombre d'un doute dans l'esprit du public).
Le film de Zapruder est AUTHENTIQUE !!!
Une fois de plus, l'évidence (preuve) était là et personne ne l'a vue durant 39 ans. M. Abraham Zapruder nous a quittés sans savoir qu'il avait filmé, à son insu, quelque chose pouvant résolument étayer la thèse du complot.
Tous les spectateurs ayant visionné le film de Zapruder dans sa largeur intégrale n'ont jamais prêté attention à ce petit scintillement dans le coin inférieur gauche de l'image.
Et… au final, je suis certain que les Archives nationales U.S. ainsi que le FBI et la CIA n'ont pas suffisamment analysé le film de Zapruder. Car ils ne l'auraient jamais publié s'ils avaient su ce qu'il contenait réellement.

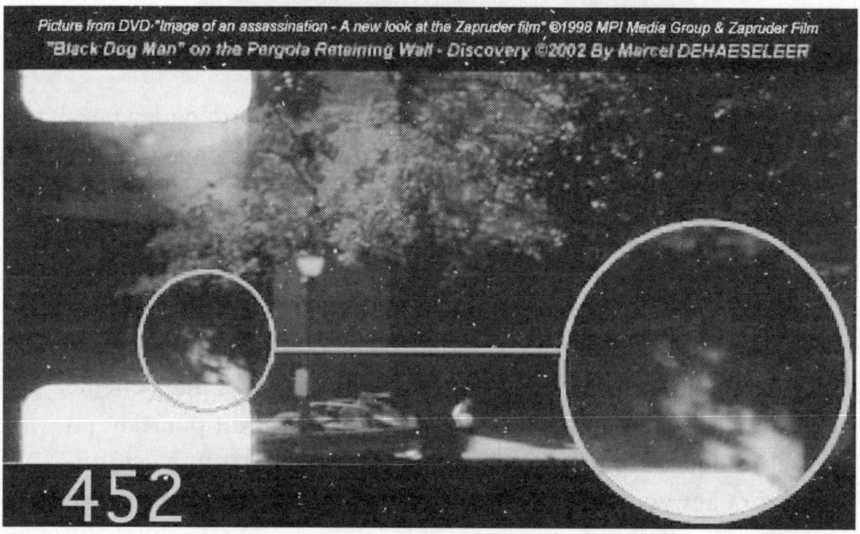

Ces deux photos sont les mêmes, mais on peut mieux distinguer. Voici le détail :

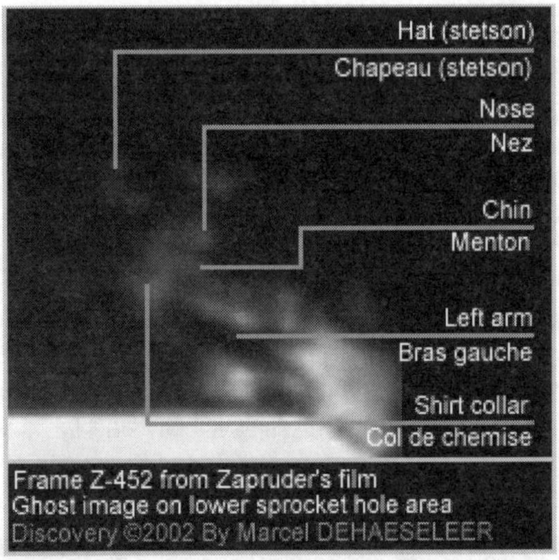

Ces images tirées du film de Zapruder sont donc les nouvelles découvertes de M. Dehaeseleer. Des images valent mieux que des mots. Une présence que David Rockefeller a toujours niée. Là, il n'y a plus de doute, cette personne existe bel et bien. Un autre fait est à prendre en compte aussi : si cette personne n'a vraiment rien à voir avec cet attentat, elle a dû se reconnaître car elle a été activement recherchée par un grand nombre de spécialistes mais elle ne s'est jamais manifestée. Son témoignage aurait pourtant pu éliminer toute théorie de complot. Cette personne est toujours activement recherchée même si il n'y a plus grande chance qu'elle se manifeste un jour...

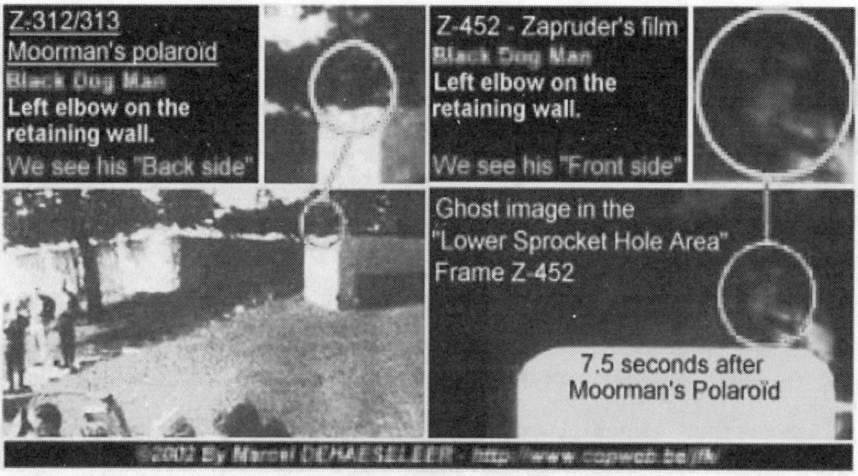
Z-312/313
Moorman's polaroid
Black Dog Man
Left elbow on the retaining wall.
We see his "Back side"
Z-452 - Zapruder's film
Black Dog Man
Left elbow on the retaining wall.
We see his "Front side"
Ghost image in the "Lower Sprocket Hole Area" Frame Z-452
7.5 seconds after Moorman's Polaroïd
©2002 By Marcel DEHAESELEER - http://www.copweb.be/jfk/

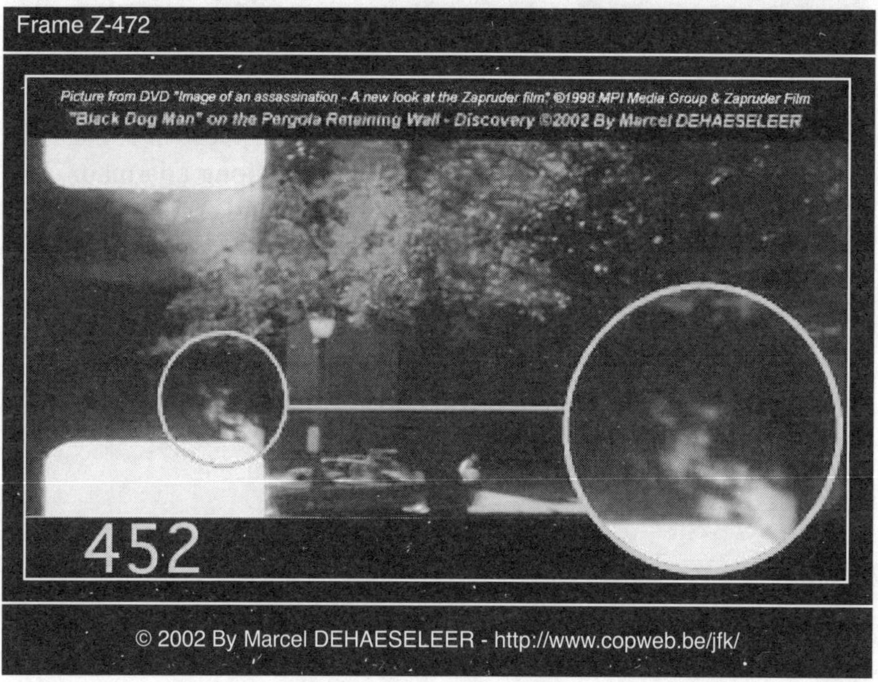
Frame Z-472
Picture from DVD "Image of an assassination - A new look at the Zapruder film" ©1998 MPI Media Group & Zapruder Film
"Black Dog Man" on the Pergola Retaining Wall - Discovery ©2002 By Marcel DEHAESELEER
452
© 2002 By Marcel DEHAESELEER - http://www.copweb.be/jfk/

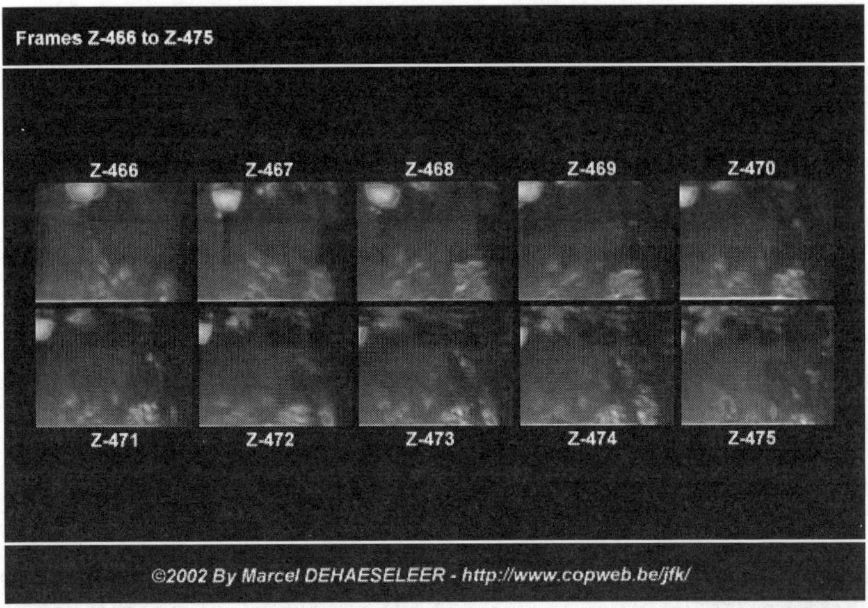

Voici donc l'animation photos de la page précédente. On voit un homme qui tient quelque chose de long à la main Une fois servi, il se retourne sur quelqu'un qui est accroupi à côté de lui et lui lance l'objet. Tous ces événements sont étranges...

À la vue de ces images, une conclusion s'impose : la polémique du complot, au bout de 40 ans, est finie. Voici une preuve, la preuve qu'il y avait plusieurs tireurs sur Dealy Plaza.

Frames 466 to 476 (lower sprocket hole)
Marcel DEHAESELEER - http://www.copweb.be/jfk/mpics.htm

CHAPITRE 5

LES DIFFÉRENTES PISTES

« John Kennedy a été tué par un organisme puissant. »

Jim GARRISON

Il existait plusieurs personnes ou groupes de personnes susceptibles d'en vouloir à John F. Kennedy. Mais qui a vraiment le pouvoir de couvrir et de mettre en place un tel mensonge et surtout dans quel intérêt ?

La CIA

Quand John Kennedy arrive au pouvoir en 1960, la Central Intelligence Agency était un État dans l'État. Elle échappait à tout contrôle. Mais après l'échec de la Baie des Cochons dont elle avait orchestré le débarquement, Kennedy jura «*de briser la CIA en mille morceaux et de répandre ses débris au vent*». Oswald aurait donc été recruté pour brouiller les pistes. Allen Dulles, alors qu'il avait été licencié par Kennedy, avait été nommé membre de la Commission Warren par Lyndon B. Johnson.

La filière cubaine

Avec la Baie des Cochons, l'opération Mangouste, les diverses persécutions que Cuba subissait et la crise des missiles, Kennedy était devenu l'ennemi numéro un de Castro. Oswald aurait juste été un sympathisant, comme il le clamait lui-même. Si les faits avaient été reconnus publiquement, la guerre mondiale aurait éclaté. Et aucune des deux parties ne le voulait.

La filière russe

Kennedy a vraiment ridiculisé les Russes dans la crise des missiles et il était sur le point d'abandonner l'escalade de la guerre froide. Oswald, devenu agent soviétique, serait donc revenu aux États-Unis avec son double et il se serait fait assassiner par Ruby. Le gouvernement américain ne voulait pas créer une psychose antisoviétique.

Les anticastristes

Un an avant que Kennedy devienne Président, la CIA a recruté des Cubains anticastristes pour préparer l'invasion de Cuba. Le Président Eisenhower avait autorisé cette opération en mars 1960. Mais bien entendu les plans de cette opération devaient être gardés au secret. Pourtant le 28 octobre 1960, le *New York Times* titrait : « U.S. entraîne une force anticastriste dans une base secrète au Guatemala. »

L'invasion eut lieu. Le 17 avril, le secrétaire à la Défense, Dean Rusk, informa Kennedy que la CIA voulait un appui aérien, ce que Kennedy refusa. Et donc, à cause de ce refus du Président, l'invasion échouait le 19 avril. La CIA et surtout les anticastristes en voulaient à mort à Kennedy.

Johnson et le complexe militaro-industriel

Si l'on réfléchit bien, il est clair que Lyndon Johnson avait les raisons et les moyens de faire supprimer Kennedy. Il s'est souvent vérifié au cours de l'histoire que les assassins étaient le plus souvent les successeurs (cf. César par exemple). Johnson était au courant qu'il ne ferait plus partie de l'équipe de Kennedy pour les élections de 1964. Sa haine de Bobby Kennedy était connue de tous. En plus, il était très ambitieux. Il aurait su facilement protéger les personnes qui lui auraient rendu ce service…

Hoover et le FBI

Le 22 novembre, il était aussi à Dallas… Il avait beaucoup d'enregistrements sur la vie « sexuelle » de Kennedy et surtout avec une de ses ex-petites amies, Judith Exner, qui était accusée d'être un agent de renseignement des nazis. Kennedy, lui, voulait envoyer Hoover à la retraite et reprendre le Federal Bureau of Investigations en main. Oswald était bien introduit dans le milieu des renseignements. Oswald, ancien militant marxiste, avait donc infiltré des groupuscules marxistes castristes. Évidemment, on lui avait fait miroiter une « vraie opération ». Dans ce cas de figure, l'enquête aurait été facile à étouffer puisque la Commission Warren s'est fondée exclusivement sur les renseignements fournis par la CIA et le FBI.

La Mafia

Après toutes les promesses non tenues de JFK et la bataille contre le milieu engagée par Bobby, la tête des frères avait été mise à prix par Sam Giancanna, Carlos Marcello, Santos Trafficante, John Rosselli. La Commission d'enquête du Congrès américain sur l'assassinat de John Fitzgerald Kennedy déclarait en 1979 que « Carlos Marcello, Santos Trafficante, Hoffa et Giancanna avaient le mobile, les moyens et la possibilité de faire tuer le Président des États-Unis ». Le seul problème est que le HSCA n'est jamais parvenu à établir la preuve irréfutable de leurs complicités...

L'extrême droite américaine

Kennedy avait souvent été jugé bien trop coulant face au communisme. Les commanditaires auraient été H. L. Hunt, George Demorenshildt, Bush. Oswald aurait juste servi à faire incriminer le Kremlin. J. D. Tippit aurait dû le réduire au silence mais il a échoué. C'est donc Jack Ruby qui s'en est chargé.

CHAPITRE 6

KENNEDY, BUSH ET LES TERRORISTES

« Kennedy a été l'un des plus grands Présidents qu'ait connu l'Amérique. »

Fidel CASTRO

Il existe un proverbe en anglais qui dit : « *If you can't convice then, confuse them.* » Ce qui veut dire : « *Si vous ne pouvez les convaincre, alors mettez-les dans la confusion.* »

Quarante ans après cet assassinat, ce programme de confusion est toujours d'application. Il est un fait que les frères Kennedy ne se sont pas fait que des amis. Mais comme nous l'avons vu, la mafia ou encore le complexe militaro-industriel n'auraient pas pu couvrir seule une telle falsification, un tel mensonge.

Qui avait donc ce pouvoir, cette volonté et les moyens d'y parvenir ?

Avant la mort de Kennedy un article très intéressant a été écrit par Arthur Krock, journaliste au *New York Times* (3 octobre 1963). Il écrit : « *À deux reprises la CIA a froidement refusé d'obéir aux instructions de Washington transmises par l'ambassadeur Henry Cabot Lodge. La CIA les désapprouvait... L'importance croissante de la CIA est comparée à une tumeur maligne contre laquelle les hauts fonctionnaires et même la Maison Blanche ne peuvent pas grand-chose. Si jamais les États-Unis sont victimes d'une tentative de putsch, ce sera l'œuvre de la CIA. La CIA dispose d'un pouvoir phénoménal. Elle n'a de comptes à rendre à personne [...].* » Déjà à ce moment-là, c'est-à-dire voici quarante ans, la situation était claire...

« Quelle serait la meilleure façon de l'avoir ?... »

Pourtant, malgré les quatre cents menaces que le FBI avait reçues concernant la visite de Kennedy à Dallas, le démantèlement d'un complot en vue de l'assassiner le 8 novembre à Miami au fusil d'assaut, nous avons vu dans quelles conditions la sécurité du Président a été assurée... S'ajoute à ces faits une pièce capitale : la conversation enregistrée par un informateur du FBI à l'insu de Joseph Milteer, un activiste d'extrême droite, dans laquelle il expliquait comment ils allaient faire pour avoir Kennedy.

Informateur : Je crois que Kennedy va venir le 18 ou quelque chose comme ça, pour faire un discours.

Joseph Milteer : Je parie qu'il y aura beaucoup à dire sur les Cubains. Il y en a beaucoup par ici.
Informateur : Oui, il y aura un millier de gardes du corps ce jour-là..
Milteer : Plus il y aura de gardes du corps, plus ce sera facile de l'avoir.
Informateur : Et selon vous, quelle serait la meilleure façon de l'avoir ?
Milteer : Du haut d'un immeuble avec un fusil puissant. Il sait que sa vie est en danger.
Informateur : Vous croyez qu'il sait ?
Milteer : Bien sûr !
Informateur : Ils vont vraiment essayer de le tuer ?
Milteer : Oh oui ! ça se prépare.
Informateur : Si Kennedy se fait tuer, on aura intérêt à savoir où on est, parce que ça va faire du grabuge si ça arrive.
Milteer : Ils remueraient ciel et terre, ça c'est sûr. Ils arrêteraient quelqu'un dans les heures qui suivent, cela se fait, juste pour calmer les esprits.

Joseph Milteer sera entendu par le FBI au sujet de la conversation qu'il a eue avec cet informateur. Mais il sera relaxé aussitôt sans même être inquiété alors que ses propos sont clairs et ne laissent aucun doute sur ce qui allait se passer.

George H. W. Bush, à l'époque respectable homme d'affaires, révèle au bureau de la CIA que James Parrott a parlé de tuer le Président lors de sa venue à Houston. Un documentaire réalisé par John Barbour démontre et prouve que G. H. W. Bush a expliqué au bureau en détail l'assassinat de Kennedy. Mais l'affaire est classée sans suite.

Les intérêts communs de la mafia et du gouvernement américain

L'« Opération 40 » ou Baie des Cochons pour tenter de renverser le gouvernement cubain est dirigée par Charles Campbell qui n'est autre que le frère du maire de Dallas qui, après l'échec du débarquement de mercenaires préparé par la CIA, se fera renvoyer par Kennedy. Pourquoi tant d'acharnement contre Cuba ?

Castro renversa la dictature de Batista en janvier 1959 avec l'aide de la CIA, dont Franck Sturgis. Dès 1959, Castro déclenche l'hostilité des États-Unis. La CIA et le secrétariat d'État estimaient que leurs « *intérêts d'affaires étaient gravement lésés* ». Depuis la révolution, la mafia a perdu l'une de ses principales bases de corruption et de trafics. Si la nationalisation des fabriques de sucre ne lèse pas les intérêts économiques des États-Unis, par contre, celle des compagnies pétrolières américaines qui pompent les richesses du sous-sol cubain sans le moindre retour pour l'économie cubaine depuis des décennies préoccupe les états-majors des multinationales et le gouvernement américain.

Avant l'arrivée de Fidel Castro, Cuba était l'île de la jouissance, le lupanar de la bourgeoisie américaine où la mafia tirait profit des casinos, de la prostitution, du commerce de la drogue, des armes et de toutes sortes de trafics. Les arrangements entre les chefs mafieux et les représentants du gouvernement américain étaient tels que peu de temps avant la révolution cubaine de 1959, un chef mafieux italo-américain parlait carrément « *d'association en bonne et due forme et en bons termes avec le gouvernement, à 170 kilomètres du pays*», évoquant les activités des clans à Cuba avec la bienveillance du gouvernement américain…

Dès octobre 1959, des avions effectuent depuis la Floride, des mitraillages au sol avec des bombardements sur Cuba. En décembre, la CIA fournit des armes aux anticastristes et organise le sabotage de fabriques de sucre et d'autres secteurs d'activité économique. L'assassinat des dirigeants révolutionnaires et des membres du gouvernement cubain est également au programme de la CIA, qui n'hésite pas à recourir aux pires moyens pour parvenir à ses fins.

En 1960, Eisenhower, avec l'aide de Richard Nixon, prépare les plans de l'invasion de Cuba par le débarquement de la Baie des Cochons. Le sabotage et la politique de terreur furent intensifiés par l'administration Kennedy. De fait, durant sa campagne électorale, JFK avait accusé l'administration Eisenhower d'«*avoir permis l'installation d'un rideau de fer à moins de 90 milles des côtes US*». Chester Bowles note à la première réunion de cabinet suivant l'invasion ratée de la Baie des Cochons: «*Une ambiance pratiquement déchaînée: il y avait une réaction frénétique en faveur d'un programme d'action.*» Kennedy rompit tous les liens diplomatiques avec Cuba. Un diplomate mexicain souligne alors que «*si nous déclarons que Cuba est une menace pour notre sécurité, 40 millions de Mexicains seraient morts de rire*».

Robert Kennedy se rendit à Langley pour voir et comprendre ce qui s'était passé. Par la suite, JFK chargea son frère, Robert, Allen Dulles et l'amiral Arleigh Burke de constituer une commission d'enquête présidée par Maxwell Taylor. Ce fut finalement Lyman Kirkpatrick qui mena la seule enquête sérieuse sur la Baie des Cochons. Il en est ressorti ce National Security Action Memorandum n° 55 de début juillet 1961 : «*Je tiens le chef de l'état-major et l'ensemble de l'état-major pour responsables en temps de paix comme ils sont responsables en temps de guerre.*» Phrase lourde de sens surtout pour la CIA qui se croyait tout permis. Cela voulait dire qu'elle n'allait plus pouvoir agir comme elle le voulait et quand elle le voulait. En clair, il allait la dynamiter !

Toute la hiérarchie en fut ébranlée. Il venait de se mettre la CIA à dos en plus de s'être attiré les foudres de la mafia… Quand on est Président américain et que l'on veut exercer le pouvoir, c'est une chose à ne pas faire.

Bush entre pétrole, mafia et CIA

Lors de la Baie des Cochons, mafia et CIA avaient travaillé main dans la main avec les anticastristes.

Depuis peu, nous avons la confirmation de ce que les historiens et chercheurs pensent depuis longtemps : George H.W. Bush travaille déjà pour la CIA en 1960. Il sera chargé avec Felix Rodriguez, ou plus précisément Félix Ismaël Fernando José Rodriguez Mendiglutia, ancien étudiant à l'académie militaire de La Havane et ancien membre de l'appareil répressif de Fulgencio Batista, qui a été recruté par la CIA dans les années 1960, de recruter et former des Cubains anticastristes en vue du renversement de Fidel Castro.

À ce moment-là, Bush vit à Houston au Texas. Mais nous savons qu'entre 1960 et 1961, G. Bush a voyagé chaque semaine à Miami. C'est ainsi qu'il a recruté et connu Felix Rodriguez. Mais il a aussi rencontré des personnes comme Orlando Bosch Avila, Howard Hunt, Luis Posada Carriles, Herminio Diaz, Rafaël Quintero... Nous allons revenir sur ces noms qui pour certains sont inconnus.

Officiellement, à cette époque, Bush est un respectable homme d'affaires dans l'industrie du pétrole. Plus tard, sa société Zapata, qui a été fondée en 1953, sera identifiée comme étant une couverture de la CIA.

Bush nie avoir participé de près ou de loin à l'invasion de la Baie des Cochons et surtout nie faire partie de la CIA. À cette époque il était le propriétaire d'une compagnie pétrolière. Pourtant des documents et déclarations prouvent le contraire... Quant à Felix Rodriguez, il nie connaître G. Bush et faire partie de la CIA. Pourtant, ce document déclassifié depuis peu des Archives nationales américaines prouve le contraire :

1 - Rosen
1 - Liaison
1 - Nasca

Date: November 29, 1963

To: Director
Bureau of Intelligence and Research
Department of State

From: John Edgar Hoover, Director

Subject: ASSASSINATION OF PRESIDENT JOHN F. KENNEDY
NOVEMBER 22, 1963

Our Miami, Florida, Office on November 23, 1963, advised that the Office of Coordinator of Cuban Affairs in Miami advised that the Department of State feels some misguided anti-Castro group might capitalize on the present situation and undertake an unauthorized raid against Cuba, believing that the assassination of President John F. Kennedy might herald a change in U. S. policy, which is not true.

Our sources and informants familiar with Cuban matters in the Miami area advise that the general feeling in the anti-Castro Cuban community is one of stunned disbelief and, even among those who did not entirely agree with the President's policy concerning Cuba, the feeling is that the President's death represents a great loss not only to the U. S. but to all of Latin America. These sources know of no plans for unauthorized action against Cuba.

62-109060-1396

An informant who has furnished reliable information in the past and who is close to a small pro-Castro group in Miami has advised that these individuals are afraid that the assassination of the President may result in strong repressive measures being taken against them and, although pro-Castro in their feelings, regret the assassination.

The substance of the foregoing information was orally furnished to Mr. George Bush of the Central Intelligence Agency and Captain William Edwards of the Defense Intelligence Agency on November 23, 1963, by Mr. W. T. Forsyth of this Bureau.

1 - Director of Naval Intelligence

DEC. 9 1963

Ce document signé par Edgar J. Hoover dit que G. W. H. Bush, de la CIA, était à Dallas pour maintenir la pression sur les anticastristes.

Les dollars de la mort

N'oublions pas que Bobby Kennedy avait mis 116 mafieux en accusation depuis le début de la présidence de son frère John. Sam Giancanna et Kennedy se sont rencontrés par l'intermédiaire de Frank Sinatra.

Selon Fletcher Prouty, le complexe militaro-industriel avait les moyens et le pouvoir de commanditer ce genre d'opérations pour lesquelles il faut des individus entraînés à tuer. Il devait évincer Kennedy afin de s'assurer d'un engagement militaire plus important dans la guerre du Vietnam et par conséquent de profits plus importants pour l'industrie de la mort. N'oublions pas qu'un mois avant son assassinat, Kennedy avait signé un mémo National Security Action Memorandum n° 263 qui prévoyait le retour des troupes américaines avant Noël. Si cette guerre ne prenait pas un développement rapide, le complexe militaro-industriel allait perdre un minimum de 220 milliards de dollars.

Par ailleurs, dans un témoignage, McGeorge Bundy, du Secrétariat à la Défense, certifie qu'avant l'assassinat de Kennedy, « on » lui avait demandé de préparer le National Security Action Memorandum n° 273. Ce dernier allait à l'encontre de celui que Kennedy avait signé un peu plus tôt qui prévoyait le retour de l'intégralité des troupes américaines du Vietnam pour le mois de décembre. Soixante-douze heures après l'assassinat de Kennedy, Johnson, à peine devenu président, signa ce NSAM n° 273...

NATIONAL SECURITY ACTION MEMORANDUM
N° 263

TO:

Secretary of State
Secretary of Defense
Chairman of the Joint Chiefs of Staff

SUBJECT: South Vietnam

At a meeting on October 5, 1963, the President considered the recommendations contained in the report of Secretary McNamara and General Taylor on their mission to South Vietnam.

The President approved the military recommendations contained in Section I B (1-3) of the report, but directed that no formal announcement be made of the implementation of plans to withdraw 1,000 U.S. military personnel by the end of 1963.

After discussion of the remaining recommendations of the report, the President approved the instruction to Ambassador Lodge which is set forth in State Department telegram n° 534 to Saigon.

McGeorge Bundy

Copy furnished: Director of Central Intelligence
Administrator, Agency for International Development
21/11/63

DRAFT

TOP SECRET

NATIONAL SECURITY ACTION MEMORANDUM

The President has reviewed the discussions of South Vietnam which occurred in Honolulu, and has discussed the matter further with Ambassador Lodge. He directs that the following guidance be issued to all concerned:

1. It remains the central object of the United States in South Vietnam to assist the people and Government of that country to win their contest against the externally directed and supported Communist conspiracy. The test of all decisions and U.S. actions in this area should be the effectiveness of their contributions to this purpose.

2. The objectives of the United States with respect to the withdrawal of U.S. military personnel remain as stated in the White House statement of October 2, 1963.

3. It is a major interest of the United States Government that the present provisional government of South Vietnam should be assisted in consolidating itself in holding and developing increased public support. All U.S. officers should conduct themselves with this objective in view.

4. It is of the highest importance that the United States Government avoid either the appearance or the reality of public recrimination from one part of it against another, and the President expects that all senior officers of the Government will take energetic steps to insure that they and their subordinate go out of their way to maintain and to defend the unity of the United States Government both here and in the field. More specifically, the President approves the following lines of action developed in the discussions of the Honolulu meeting of November 20. The office or offices of the Government to which central responsibility is assigned is indicated in each case.

5. We should concentrate our own efforts, and insofar as possible we should persuade the government of South Vietnam to concentrate its efforts, on the critical situation in the Mekong Delta. This concentration should include not only military but political, economic, social, educational and informational efforts. We should seek to turn the tide not only of battle but of belief, and we should seek to increase not only our control of land but the productivity of this area whenever the proceeds can be held for the advantage of anti-Communist forces. (Action : The whole country team under the direct supervision of the Ambassador.)

6. Programs of military and economic assistance should be maintained at such levels that their magnitude and effectiveness in the eyes of the Vietnamese Government do not fall below the levels sustained by the United States in the time of the Diem Government. This does not exclude arrangements for economy on the MAP accounting for ammunition and any other readjustments which are possible as between MAP and other U.S. defense sources. Special attention should be given to the expansion of the import distribution and effective use of fertilizer for the Delta. (Action : AID and DOD as appropriate.)

7. With respect to action against North Vietnam, there should be a detailed plan for the development of additional Government of Vietnam resources, especially for sea-going activity, and such planning should indicate the time and investment necessary to achieve a wholly new level of effectiveness in this field of action. (Action : DOD and CIA.)

8. With respect to Laos, a plan should be developed for military operations up to a line up to 50 kilometers inside Laos, together with political plans for minimizing the international hazards of such an enterprise.

Since it is agreed that operational responsibility for such undertakings should pass from CAS to MACV, this plan should provide an alternative method of political liaison for such operations, since their timing and character can have an intimate relation to the fluctuating situation in Laos. (Action : State, DOD and CIA.)

9. It was agreed in Honolulu that the situation in Cambodia is of the first importance for South Vietnam, and it is therefore urgent that we should lose no opportunity to exercise a favorable influence upon that country. In particular, measures should be undertaken to satisfy ourselves completely that recent charges from Cambodia are groundless, and we should put ourselves in a position to offer to the Cambodians a full opportunity to satisfy themselves on this same point. (Action : State.)

10. In connection with paragraphs 7 and 8 above, it is desired that we should develop as strong and persuasive a case as possible to demonstrate to the world the degree to which the Viet Cong is controlled, sustained and supplied from Hanoi, through Laos and other channels. In short, we need a more contemporary version of the Jorden Report, as powerful and complete as possible. (Action : Department of State with other agencies as necessary.)

McGeorge Bundy

Soixante-douze heures après l'assassinat de Kennedy, Lyndon B. Johnson, à peine nommé Président, autorise, à l'encontre des décisions de Kennedy, un plus grand engagement militaire au Vietnam. Le complexe militaro-industriel se frotte les mains…

THE WHITE HOUSE
WASHINGTON
November 26, 1963
NATIONAL SECURITY ACTION MEMORANDUM
N° 273

TO:

The Secretary of State
The Secretary of Defense
The Director of Central Intelligence
The Administrator, AID
The Director, USIA
The President has reviewed the discussions of South Vietnam which occurred in Honolulu, and has discussed the matter further with Ambassador Lodge. He directs that the following guidance be issued to all concerned:

1. It remains the central object of the United States in South Vietnam to assist the people and Government of that country to win their contest against the externally directed and supported Communist conspiracy. The test of all U. S. decisions and actions in this area should be the effectiveness of their contribution to this purpose.

2. The objectives of the United States with respect to the withdrawal of U.S. military personnel remain as stated in the White House statement of October 2, 1963.

3. It is a major interest of the United States Government that the present provisional government of South Vietnam should be assisted in consolidating itself and in holding and developing increased public support. All U.S. officers should conduct themselves with this objective in view.

4. The President expects that all senior officers of the Government will move energetically to insure the full unity of support for established U.S. policy in South Vietnam. Both in Washington and in the field, it is essential that the Government be unified. It is of particular importance that express or implied criticism of officers of other branches be scrupulously avoided in all contacts with the Vietnamese Government and with the press. More specifically, the President approves the following lines of action developed in the discussions of the Honolulu meeting, of November 20. The offices of the Government to which central responsibility is assigned are indicated in each case.

5. We should concentrate our own efforts, and insofar as possible we should persuade the Government of South Vietnam to concentrate its efforts, on the critical situation in the Mekong Delta. This concentration should include not only military but political, economic, social, educational and informational effort. We should seek to turn the tide not only of battle but of belief, and we should seek to increase not only the control of hamlets but the productivity of this area, especially where the proceeds can be held for the advantage of anti-Communist forces.
(Action : The whole country team under the direct supervision of the Ambassador.)

6. Programs of military and economic assistance should be maintained at such levels that their magnitude and effectiveness in the eyes of the Vietnamese Government do not fall below the levels sustained by the United States in the time of the Diem Government. This does not exclude arrangements for economy on the MAP account with respect to accounting for ammunition, or any other readjustments which are possible as between MAP and other U.S. defense resources. Special attention should be given to the

expansion of the import, distribution, and effective use of fertilizer for the Delta.
(Action : AID and DOD as appropriate.)

7. Planning should include different levels of possible increased activity, and in each instance there should be estimates of such factors as :

A. Resulting damage to North Vietnam ;

B. The plausibility of denial ;

C. Possible North Vietnamese retaliation ;

D. Other international reaction.

Plans should be submitted promptly for approval by higher authority. (Action : State, DOD, and CIA.)

8. With respect to Laos, a plan should be a developed and submitted for approval by higher authority for military operations up to a line up to 50 kilometers inside Laos, together with political plans for minimizing the international hazards of such an enterprise. Since it is agreed that operational responsibility for such undertakings should pass from CAS to MACV, this plan should include a redefined method of political guidance for such operations, since their timing and character can have an intimate relation to the fluctuating situation in Laos.
(Action : State, DOD, and CIA.)

9. It was agreed in Honolulu that the situation in Cambodia is of the first importance for South Vietnam, and it is therefore urgent that we should lose no opportunity to exercise a favorable influence upon that country. In particular a plan should be developed using all available evidence and methods of persuasion for showing the Cambodians that the recent charges against us are groundless.
(Action : State.)

10. In connection with paragraphs 7 and 8 above, it is desired that we should develop as strong and persuasive a case as possible to demonstrate to the world the degree to which the Viet Cong is controlled, sustained and supplied from Hanoi, through Laos and other channels. In short, we need a more contemporary version of the Jorden Report, as powerful and complete as possible.

(Action: Department of State with other agencies as necessary.)

s/McGeorge Bundy
cc:
Mr. Bundy
Mr. Forrestal
Mr. Johnson

Dallas...

Il n'y a jamais eu à Dallas une telle concentration de mafieux, anticastristes, membres de la CIA et hauts dirigeants ou de personnes qui allaient avoir une importance dans l'histoire des États-Unis qu'au moment de l'assassinat de John F. Kennedy: Richard Nixon, G. Bush comme nous l'avons déjà vu, Hunt, agent de la CIA, même Hoover était là.

Une chose assez importante est la classification des photos du parcours présidentiel. Quarante ans après, ces photos sont toujours classées secret défense... Pourquoi? Peut-être justement pour que nous ne puissions pas identifier des personnes qui n'auraient pas dû être là.

Former Ambassador George Bush accepts applause and congratulations from outgoing DCI Colby and President Ford after his swearing-in at the CIA Headquarters auditorium. Though he respected Colby's professional expertise, Ford hoped Bush's Congressional and diplomatic experience would help the new DCI improve the CIA's standing with Congress.

Voici à quoi ressemblait G. H. W. Bush en 1963.

G. H. W. Bush sur Dealy Plaza.

Nous savons qu'il était présent sur Dealy Plaza puisque le mémo d'Edgar J. Hoover nous l'affirme mais en plus nous pouvons le situer. Il y avait aussi un certain Orlando Bosch.

Orlando Bosch Avila est aussi appelé le « Ben Laden cubain » ou « le pédiatre de la mort ». Il a un complice, Luis Posada Carriles, et voici ce qu'il raconte dans son interview alors qu'il est en prison au Panama pour avoir tenté de perpétrer un attentat à l'explosif contre l'université panaméenne où Fidel Castro devait venir parler.

«Je connais Orlando Bosch depuis très longtemps»

Luis Posada Carriles est né le 15 février 1928 à Cienfuegos, province de Las Villas à Cuba. Il vit normalement au Salvador à San Salvador.

– Depuis quand avez-vous quitté Cuba et pourquoi ?

Luis Posada Carriles : Depuis que j'ai été obligé de quitter Cuba pour mon opposition au régime, je n'ai jamais cessé de lutter pour ma patrie. Avant d'être incarcéré au Panama, nous maintenions et nous maintenons encore des contacts avec des militaires cubains bravant le régime de Castro.

– Quel est le nom de votre avocat ?

L.P.C. : Mes avocats sont Rosa Mancilla et Rogelio Cruz.

– Savez-vous qu'il y une grande campagne pour vous faire sortir de prison ?

L.P.C. : Si vous faites référence à la pétition d'extradition de la part de Hugo Chavez du Venezuela, oui, je suis au courant.

– Connaissez vous Orlando Bosch ?

L.P.C. : Je connais le docteur Orlando Bosch Avila depuis très longtemps.

– Saviez-vous que Bosch a signé une déclaration reconnaissant avoir fait partie de la CIA ?

L.P.C. : Je ne connais pas le document que vous prétendez avoir en votre possession, signé, comme vous le dites, de la main d'Orlando Bosch ; je n'imagine même pas la motivation qui l'aurait poussé à faire une pareille déclaration.

– Connaissez-vous Felix Rodriguez ?

L.P.C. : La dernière information que je possède sur monsieur Felix Rodriguez est qu'il est en vie et réside à Miami aux États-Unis.

– Quels sont vos rapports avec Marita Lorenz ?

L.P.C. : Je ne sais pas à qui vous faites référence quand vous me demandez si je connais Marita Lorenz, la réponse est non.

– Vous ne connaissez donc pas les déclarations qu'elle a faites à votre sujet vous liant à l'assassinat de Kennedy ?

L.P.C. : Je ne connais pas les déclarations de Marita Lorenz. C'est la première fois que j'entends de pareilles injures m'accusant d'avoir participé à l'assassinat de l'honorable Président JFK, personne que j'ai toujours respectée et admirée. Durant le méprisable assassinat du Président JFK, le 22 novembre 1963, je me trouvais à Fort Benning, en Georgie, comme officier de l'armée américaine, en charge d'un peloton d'infanterie. Les déclarations faites par cette personne qui se nomme Marita Lorenz, non seulement sont fausses, mais aussi mal intentionnées.

– Orlando Bosch, lui, se trouvait sur Dealy Plaza, non ?

L.P.C. : Je ne sais pas si le docteur Bosch était ou non à la Dealy Plaza le 22 novembre 1963. Mais je dois remettre en question cette affirmation, car autant que je sache, le docteur Bosch n'a jamais été interrogé sur ce crime taché de sang. Je n'ai jamais eu de relation avec le président Bush.

Il faut savoir que lors de son arrestation au Venezuela après l'explosion de l'avion, Orlando Bosch a été entendu durant des heures sur l'assassinat de Kennedy et que le compte rendu est classifié. Même le gouvernement vénézuélien n'a pas voulu nous fournir une copie car il risquait des ennuis. De qui ? Nous ne le saurons pas mais nous pouvons nous l'imaginer...

– Connaissez vous Otto Reich ?

L.P.C. : Je n'ai jamais eu, non plus, de relation avec Otto Reich.

Telles sont les principales réponses que me donne Luis Posada Carriles, prisonnier politique cubain au Panama. Revenons à son comparse.

Un collaborateur de Bush libère les terroristes

Orlando Bosch est né à Cuba le 18 août 1917, à Santa Clara. Il entreprend et réussit des études en médecine et devient même pédiatre. Il arrive aux États-Unis en 1960 pour une période de trente jours. Il n'y retournera jamais et sera mis en cause dans plusieurs attentats terroristes. Mieux encore : l'homme qui l'a aidé à sortir de prison au Venezuela, son fidèle ami, son associé, le plus célèbre agent de la FNCA – Fondation nationale cubano-américaine –, travaille aujourd'hui à la Maison Blanche en tant que responsable de l'Amérique latine : il s'agit de Otto Reich, un proche du président George Bush en personne !

Sous-secrétaire d'État du gouvernement Bush, Otto Reich est un Cubain, fils d'immigrants autrichiens, qui quitte Cuba adolescent. Tout au long de sa carrière, il s'est manifesté par une activité intense dans la diffusion de fausses informations, la libération de terroristes et autres « dirty tricks » de ce type. Ses « exploits » d'homme d'extrême droite sont si nombreux qu'en citer quelques-uns suffit à situer le personnage. Ainsi, Otto Reich a dirigé sous Ronald Reagan l'Office de la Diplomatie publique, une structure créée par ses amis de la CIA afin de manipuler l'opinion publique américaine au moyen d'opérations illégales. L'une d'entre elles se termina par le scandale Iran-Contra. Mais c'est surtout au Venezuela que Reich se distingue alors que Washington l'envoie comme ambassadeur. Il se consacre alors essentiellement à faire libérer l'agent de la CIA et terroriste Orlando Bosch, notamment responsable de l'explosion en plein vol d'un avion de la Cubana de Aviación qui provoquera la mort de 73 personnes, et son complice Posada Carriles. Mais Reich n'en restera pas là puisqu'il permettra à ce terroriste, sans doute l'un des plus dangereux de Miami avec son complice Posada Carriles, de rentrer aux États-Unis. Le soutien de la Fondation nationale cubano-américaine et du congressiste Lincoln Diaz-Balart, chef de la bande anticastriste du Capitole, lui permettra d'obtenir le pardon présidentiel de George Bush père.

« Bosch a participé personnellement à des actes terroristes... »

Mais plus de douze années ont passé depuis ce jugement. Orlando Bosch n'a jamais été expulsé des États-Unis. Bien au contraire. Des pressions combinées de la CIA, de la mafia anticastriste et des cercles républicains les plus extrémistes ont obtenu sa libération après que trente et un pays eurent rejeté la demande officielle américaine d'accueillir le terroriste.

Et le pedigree chargé de ce mercenaire de la mafia anticastriste ne l'empêche pas, loin de là, de nouer des liens avec la famille Bush. Ainsi, selon le *New York Times* (17 août 1989), Ileana Ross-Lehinen, congressiste d'origine cubaine, a négocié directement la libération d'Orlando Bosch Avila avec G. H. W. Bush senior. La réunion était organisée par Jeb, le frère de l'actuel président des États-Unis, qui voulait s'assurer l'appui de la mafia anticastriste pour sa réélection au poste de gouverneur de Floride en 2000.

En 1987, le Département d'État lui refuse son visa à cause de son passé criminel et de son implication dans le terrorisme. Cependant, dans ses conclusions, le procureur Joe D. Whitley fait un bilan dévastateur de cet individu à l'occasion de la demande d'asile déposée par le « héros » de la mafia de Miami, demande qui sera refusée. Le magistrat écrit textuellement : « *Les archives du FBI et d'autres agences gouvernementales contiennent une grande quantité d'information documentaire qui reflète que, depuis le début des années 60, Bosch a occupé des postes de dirigeant dans différentes organisations terroristes anti-Castro. L'information contenue dans ces archives reflète clairement et définitivement que Bosch a plaidé en faveur, encouragé, organisé et participé personnellement à des actes de violence terroriste tant dans ce pays que dans plusieurs autres pays. Alors qu'une partie de cette information est à caractère non confidentiel, une plus grande partie, tant classée que non classée, est à caractère confidentiel étant donné la nécessité de protéger des sources et méthodes de renseignement. L'information présentée comprend tous les éléments de preuve à la portée de l'INS, le matériel soumis par Bosch au commissaire régional et les informations additionnelles classées du FBI...* » Et le procureur de qualifier Orlando Bosch Avila de « *danger public* ».

« Un éventuel lien avec l'assassinat de Kennedy »

Parmi ses très nombreux « exploits », le pédiatre terroriste avait accusé le Président américain John F. Kennedy de trahir les anticastristes, dans un feuillet intitulé *La tragédie cubaine* qu'il a fait parvenir à la Maison Blanche en mai 1963. Soupçonné ensuite d'avoir joué un rôle dans la mort de Kennedy, et même d'avoir accompagné à Dallas, Lee Harvey Oswald, « l'assassin officiel » du Président, Orlando Bosch, alors qu'il était détenu au Venezuela, avait dû répondre aux questions d'assistants du Comité du Congrès qui menaient une enquête sur l'assassinat. Un commentaire du rapport final de ce comité trace un sombre portrait du personnage : « *Orlando Bosch, un fanatique, s'est avéré le plus agressif et imprévisible des leaders anti-Castro. Au point que cela pourrait valider l'hypothèse d'un éventuel lien avec l'assassinat du Président Kennedy. De plus, le comité a été informé d'une allégation qui le liait spécifiquement à une conspiration mais une enquête n'a pu démontrer que Bosch se trouvait à Dallas en novembre 1963, en compagnie de Lee Harvey Oswald. Interrogé, Bosch a dit au comité qu'il se trouvait chez lui à Miami quand il a appris que Kennedy avait été assassiné.* »

Pour le FBI, Orlando Bosch « *a défendu encouragé, organisé et participé à des actes terroristes, tant aux États-Unis que dans d'autres pays* ».

Auteur de plus de plus de 50 attentats : pardonné par le Président Bush !

Bosch, le cerveau du crime de la Barbade, auteur de plus de cinquante attentats tant aux États-Unis que dans d'autres pays, l'apologiste du terrorisme, a reçu le pardon présidentiel de George H. W. Bush le 20 juillet 1990. Vint le 11 septembre 2001. Et la guerre contre l'Afghanistan qui succédait à la guerre contre la Yougoslavie. Puis encore celle contre l'Irak. S'ensuivit une campagne nationale et internationale comme jamais vue auparavant contre le terrorisme. Décrets et lois, budgets de milliards de dollars, notamment pour l'armée qui se voit attribuer à cette occasion le plus important budget de l'histoire des États-Unis. Le plus important appareil répressif policier et militaire est mis en place sous prétexte de lutter contre un « axe du mal » qui n'existe que dans les cerveaux du « cabinet noir » de George W. Bush. Et Orlando Bosch, le terroriste de Washington, un parmi de nombreux autres, marche dans les rues de cités de Floride. Malgré tout cela, il demeure libre tandis que cinq patriotes cubains, cinq démocrates qui ont risqué leurs vies pour mettre en échec les plans criminels de Bosch et de ses amis, sont condamnés à la prison à perpétuité suite à un procès pour lequel les autorités américaines n'ont pas hésité à violer les règles du droit international et la Convention des droits de l'homme !...

Le raccordement Nixon-Bush

Comme nous l'avons vu, Bush était à Dallas pour le compte de la CIA. Un document confirme que Bush travaillait avec l'agent de la CIA, Felix Rodriguez, recrutant des exilés cubains d'extrême droite et anciens prisonniers ou en fuite pour divers délits en vue de l'invasion de Cuba. C'était le travail de Bush à la CIA d'organiser la communauté cubaine de Miami pour l'invasion. Les Cubains ont été formés comme tireurs d'élite par la CIA. Bush, à ce moment-là, a habité au Texas. Voyageant de Houston à Miami. George Bush travaillait bien avec Felix Rodriguez quand JFK a été tué.

Le jour de l'assassinat, Bush était au Texas, mais il ne se rappelle plus exactement où. Surveillant des équipes d'exilés cubains secrètes, dirigées depuis 1960 par l'ancien commandant cubain de police Felix Rodriguez, il est pour le moins probable qu'il ait été également à Dallas en 1963. Plusieurs des Cubains qu'il dirigeait pour Nixon ont été photographiés dans le film de Zapruder. Naturellement, Bush a un devoir de réserve qui le conduit à nier appartenir à la CIA à cette époque. La CIA est une organisation secrète et personne n'admet jamais en être membre. La vérité est que Bush était déjà un haut fonctionnaire de la CIA avant la tentative d'invasion de Cuba en 1961, travaillant avec Felix Rodriguez. Bush peut nier son rôle réel dans la CIA en 1959, mais pas les… disques présents dans les dossiers de Rodriguez et d'autres impliqués dans le débarquement de la Baie des Cochons et l'invasion de Cuba qui exposent le rôle de Bush[1] !…

1. Source : *Rapport censuré par projet*, février 1989, Dr Karl Jensen, Université d'État de Sonoma.

«J'ai livré trois bateaux à un agent de la CIA appelé George Bush...»

Une interview de l'ancien officier de liaison de la CIA, L. Fletcher Prouty, par Paul Kangas, enquêteur privé, révèle de nouvelles informations concernant le rôle de Bush. Il lui confie «*qu'un des projets*» qu'il a fait pour la CIA en 1961 «*prévoyait de livrer des bateaux de Marines américains aux agents de la CIA situés au Guatemala qui projetaient l'invasion de Cuba*». Celui-ci affirme «*avoir livré trois bateaux à un agent de la CIA appelé George Bush qui les a fait peindre pour les camoufler en bateaux civils*». Toujours selon ce témoignage, «*l'agent de la CIA a fait baptiser les trois bateaux du nom de son épouse, de sa ville natale et de sa compagnie pétrolière. Il a appelé les bateaux: Barbara, Houston et Zapata. Les livres d'enregistrement maritime portent les noms de ces trois bateaux*». Il est même question «*d'empreintes digitales attestant de la participation de George Bush dans la préparation du débarquement de la Baie des Cochons*»... Pourtant Bush nie son rôle dans cette aventure de mercenaires soutenue par la CIA.

> «Pourquoi Bush serait-il si réservé au sujet de son rôle dans cette guerre? Quel est le secret qu'il tente de cacher tout comme Nixon? Y aurait-il quelque chose que le public ne doit pas savoir? Y a-t-il quelque chose de grave au sujet de cette guerre que Bush et Nixon ne veulent pas que le public sache?» interroge Paul Kangas. «Oui», répond-il, précisant que les gens impliqués dans le débarquement de la Baie des Cochons sont les mêmes que ceux qui le seront dans... le cambriolage du Watergate!...

Or, les documents essentiels concernant le débarquement de la Baie des Cochons, l'assassinat de Kennedy et plus tard du scandale du Watergate sont classés dans les Archives nationales américaines et interdites d'accès aux citoyens américains. Pourquoi ces documents sont-ils encore secrets ? Pourquoi sont-ils verrouillés dans les Archives nationales avec toutes les photos de l'assassinat de JFK à Dallas ? Pourquoi les 4 000 heures d'enregistrement des bandes du Watergate dans lesquelles Nixon évoque des raccordements mystérieux entre le débarquement de la Baie des Cochons, Dallas et le Watergate demeurent-elles toujours également sous scellés dans les Archives nationales américaines ? Serait-ce que chacun des trois crimes de l'État américain serait relié pour que seulement 12 heures de ces 4 000 heures enregistrées soient accessibles au public ?

« *Nous devons exiger que les dossiers secrets sur ces trois cas soient libérés maintenant* », dit Paul Kangas, qui a recueilli ces nouvelles informations.

Nixon donne le feu vert pour « l'Opération 40 »

Les documents découverts par le FBI montrent que Jack Ruby a été employé par Richard Nixon depuis 1947, travaillant pour lui en tant qu'espion et homme de main. Le 22 novembre 1963, Jack Ruby a été vu par une femme, Ann Julienne Mercer, approximativement une heure avant l'arrivée du cortège de JFK, avec un homme prenant un fusil dans un coffre de véhicule devant le monticule herbeux sur Dealy Plaza. Plus tard ? Ruby apparaît sur une chaîne de télévision nationale, tuant le témoin qui aurait pu permettre de faire le lien entre Nixon et Bush dans le complot contre JFK : Lee Harvey Oswald !

Richard Nixon était vice-président de 1952 jusqu'en 1960. En fait, Nixon a donné le feu vert pour « l'Opération 40 », de planification de l'invasion de 1961 contre Cuba. Car, dès les premiers jours de la révolution cubaine, Castro a commencé à dire que les sociétés américaines devraient payer aux employés cubains des salaires décents. Cela concernait les compagnies pétrolières mais d'autres également comme Coca-Cola qui devrait désormais payer le sucre cubain au cours des prix du marché mondial. Rapidement, les dirigeants de ces grandes sociétés multinationales américaines présentes à Cuba et les trafiquants de drogue de la mafia ont décidé que Fidel Castro, symbole de la révolution cubaine avec Che Guevara, devait être enlevé ou assassiné. Leur plan est vite parvenu entre les mains du vice-président de l'époque, Richard Nixon. Celui-ci promet alors qu'il fera le nécessaire dès qu'il aura remporté les élections présidentielles de 1960. Nixon est pratiquement sûr d'être élu, n'ayant face à lui qu'un démocrate inconnu appelé John Kennedy. Ce serait une victoire facile pour Nixon. Par anticipation, les sondages donnaient déjà Nixon gagnant haut la main en 1959. Nixon se voyait d'autant plus déjà élu que Kennedy était catholique et qu'il pensait que les Américains n'éliraient pas plus un président catholique qu'une femme, un noir ou un communiste.

Bush, recruteur de terroristes

Nixon indique alors aux dirigeants des grandes sociétés capitalistes américaines que s'ils l'aident à gagner, il autorisera une invasion pour enlever Fidel Castro. Et, pour impressionner fortement ceux qui contribuent au financement de sa campagne, le vice-président demande à la CIA de mettre au point un plan secret pour envahir Cuba dès qu'il sera élu. Celle-ci élabore alors « l'Opération 40 ». La CIA confie à son agent millionnaire du Texas George Bush la responsabilité de recruter des exilés cubains pour former une armée d'invasion. Bush travaille avec un autre personnage de l'industrie pétrolière du Texas, Jack Crichton, qui l'aide dans cette tâche. C'est également un autre Texan, le général Charles Cabell de l'armée de l'Air, qui coordonne la couverture aérienne pour l'invasion et le renversement du gouvernement cubain. Ainsi, ce sont essentiellement des Texans qui pilotent l'opération de la CIA pour l'invasion de Cuba. Une branche entière de la CIA est présente dans les industries du pétrole du Texas. En cherchant dans l'entourage de Bush, dans les milieux pétroliers du Texas nous découvrons ses deux principaux associés : James Baker et Robert Mosbacher. Ce dernier deviendra secrétaire au Commerce et Baker secrétaire d'État[1].

Watergate : Nixon tente de faire disparaître les preuves

Ce n'est que près de dix ans plus tard, sur des bandes d'enregistrement liées au scandale du Watergate, le 23 juin 1972,

1. Source : *Magazine commun de cause*, 3 avril 1990.

que l'on découvre que Nixon et son chef du personnel, H. R. Haldeman, discutent pour savoir comment arrêter les investigations du FBI sur le cambriolage de la CIA au Watergate. Ils sont inquiets que les recherches du FBI dévoilent des faits sur leur rapport avec «*le débarquement de la Baie des Cochons*». Haldeman indiquera plus tard que Nixon a toujours employé des mots de code pour parler du meurtre de JFK. Et dans cette transcription nous trouvons Nixon discutant le rôle de l'associé de George Bush, Robert Mosbacher. Sur les bandes, Nixon continue à se référer aux «Cubains» et aux «Texans.» Les «Texans» étaient Bush, Mosbacher et Baker. C'est un autre lien direct entre Bush et Nixon dans l'assassinat de Kennedy.

À plusieurs reprises, sur les bandes du Watergate, ces noms reviennent dans des discussions concernant des photos de Dallas que Nixon essayait d'obtenir quand il a commandé à des agents de la CIA le cambriolage du Watergate. L'ensemble de ces faits trouve sa complète dimension avec la déclaration faite par Frank Sturgis au *Chronicle* de San Francisco en mai 1977 : «*La raison pour laquelle nous avons cambriolé le Watergate est que Nixon avait intérêt à stopper les fuites de nouvelles informations liées aux photos qui montraient notre rôle dans l'assassinat du président John Kennedy.*»

Les comploteurs poussent Kennedy à la guerre

Ainsi, parmi les membres «célèbres» du Watergate et de l'invasion de la CIA que Bush a recrutés, on retrouve dans plusieurs documents Frank Sturgis, E. Howard Hunt,

James Baker et Rafaël Quintero. Quintero a indiqué publiquement que s'il disait jamais ce qu'il sait sur Dallas et le débarquement de la Baie des Cochons, «*ce serait le plus grand scandale jamais connu qui pourrait éclabousser l'Amérique tout entière*».

En attendant, en 1960, Prescot Bush, le grand-père, faisait la campagne de Nixon. Nixon a été envoyé au Sud-Vietnam pour assurer le gouvernement français que si la France se retirait, les États-Unis interviendraient pour protéger les intérêts commerciaux et financiers des puissances occidentales mais surtout le commerce de drogue avec le Triangle d'or.

Nixon a perdu les élections présidentielles en 1960 par la plus petite marge dans l'histoire des États-Unis avant celle de George W. Bush, qui fut désigné président par des juges, à une voix près, à la suite de semaines de tripatouillages des résultats dans plusieurs États! Les premiers, Bush, Nixon, Cabel et quelques autres décidèrent, malgré le résultat des élections, de poursuivre le plan qu'ils avaient préparé avec les dirigeants de la CIA pour l'invasion de Cuba, se contentant d'informer Kennedy au dernier moment. Alors que le débarquement de l'armée de mercenaires était déjà commencé et que ceux-ci se heurtaient à la résistance des troupes révolutionnaires cubaines soutenues par la population, Cabel fut obligé de demander à Kennedy la permission d'engage l'armée de l'Air américaine pour aider les troupes de la CIA en difficulté. Kennedy s'y opposa fermement. La CIA était furieuse contre JFK mais ses dirigeants bien décidés à poursuivre leur invasion. Mais les forces révolutionnaires cubaines repoussèrent l'envahisseur qui allait perdre dans cette guerre d'invasion plusieurs dizaines d'agents, d'instructeurs et près de 1 500 de ses hommes qui furent faits prisonniers. C'était l'un des plus mauvais coups de la CIA. Bush, Nixon, Cabel et les leurs étaient blêmes de colère. Dès ce moment, les mêmes hommes continuèrent de monter des complots contre Cuba et ses dirigeants, utilisant notamment la haine envers Kennedy dans le reste des troupes d'exilés qu'ils avaient entraînés pour leurs opérations contre Cuba.

C'est ainsi que des mafieux et des hommes comme Orlando Bosch et d'autres devinrent les meneurs d'organisations terroristes basées aux États-Unis, soutenues financièrement, armées et entraînées par des instructeurs de la CIA. Dès lors, pourquoi plusieurs d'entre eux n'auraient-ils pas envisagé de supprimer Kennedy pour laisser le champ libre à leurs meilleurs soutiens : les Bush, Nixon et consorts ?....

Nixon et Bush ont la mémoire qui flanche

L'élection présidentielle de 1964 était proche et Nixon bien décidé à se représenter contre Kennedy. Bush, Ford et Nixon devaient agir vite car leur victoire n'avait rien de sûr et sans se débarrasser de JFK, les Kennedy, avec Robert et Ted, qui gagnaient en popularité, pouvaient bien rester à la Maison Blanche jusqu'en 1984. Les équipes de mercenaires cubains de « tireurs » ont commencé alors à suivre Kennedy de ville en ville, recherchant la moindre occasion de l'abattre. Dallas leur donne un avantage : le maire est le frère du général Charles Cabel, l'un des principaux acteurs militaires aux côtés de la direction de la CIA pour préparer l'invasion de Cuba qui s'était terminée dans un bain de sang…

Quintero, Hunt, Sturgis… ont été photographiés et vus par quinze témoins. Mais, curieusement, la plupart des médias ont « oublié » ces photos… Ainsi, le jour où JFK est assassiné, Nixon et une partie de l'équipe de ce qui deviendra plus tard le scandale du Watergate sont photographiés à Dallas, de même qu'un groupe de Cubains. L'un d'entre eux tient un parapluie vers le haut, comme pour donner un signal, juste au moment où la limousine du président Kennedy est criblée par plusieurs tirs. Aussitôt après les tirs, le film de Zapruder pris pendant l'assassinat permet de voir que ceux-ci disparaissent calmement au loin comme s'il ne s'était rien passé.

Nixon a nié qu'il était à Dallas à ce moment-là. Malheureusement pour lui, de nouvelles photos et indiscrétions prouvent qu'il était là. Puis, il a déclaré au FBI qu'il ne pouvait pas se rappeler où il était quand JFK a été tué[1]. Bush, aussi, si l'on en croit ses déclarations, ne peut pas se rappeler où il était. Tous ces personnages cherchent pendant toute une période, au début de l'enquête, à dissimuler leur présence, voire leur activité sur les lieux du complot. Aussi n'est-ce pas un hasard si, après le meurtre, l'ancien vice-président Nixon demande avec empressement au Président Lyndon Johnson de nommer son ami, l'ancien agent Jerry Ford du FBI auprès de la Commission d'enquête Warren. Et ce n'est pas un hasard non plus si Nixon demande également à Johnson de nommer le juge Earl Warren.

1. Source : Note du FBI, 23 février 1964, publiée dans *Le Coup d'État en Amérique*, Weberman et Canfield.

Marita Lorenz, agent de la CIA, témoigne

Johnson a donné satisfaction à Nixon. Ford a entendu tous les témoins et a décidé lesquels seraient retenus et lesquels seraient écartés. Nixon multipliera les pressions de toutes sortes, plaçant des hommes à lui aux postes clés qui permettent de contrôler et de filtrer toutes les informations se rapportant au débarquement de la Baie des Cochons contre Cuba, à l'assassinat de Kennedy et plus tard à celle du Watergate. Mais quoi que fassent les comploteurs, ils ne peuvent empêcher la vérité de remonter à la surface avec le temps. Chaque année, des informations nouvelles surgissent provenant de personnes qui n'ont plus de responsabilités dans l'appareil d'État américain, d'enquêteurs qui s'acharnent à connaître la vérité enfouie derrière le « secret défense ».

Ainsi, lorsque l'avocat Mark Lane interviewe Marita Lorenz, agent de la CIA, au sujet de ce qu'elle avait vu et qui pouvait incriminer Frank Sturgis, alias Frank Fiorini, et Orlando Bosch, de nouveaux faits apparaissent qui ouvrent des pistes ou en confortent d'autres. Mais, là encore, le complot est omniprésent. Voici ce qu'elle déclare :

> **Lane** : Durant novembre 1963, avez-vous travaillé pour le compte de la CIA au bureau de Miami ?
> **Lorenz** : Oui.
> **Lane** : Avez-vous travaillé avec un homme nommé Frank Sturgis pendant que vous travailliez pour la CIA ?
> **Lorenz** : Oui, tout à fait.
> **Lane** : Était-ce à Miami durant le mois de novembre 1963 ?
> **Lorenz** : Oui.

Lane : Sous quels autres noms connaissiez-vous Frank Sturgis ?
Lorenz : Frank Fiorini, Hamilton ; le prénom Hamilton Fiorini.
Lane : Est-ce que M. Fiorini ou Sturgis était employé en même temps que vous à la CIA ?
Lorenz : Oui.
Lane : Pendant ce temps est-ce que des paiements ont été faits à M. Sturgis pour son travail à la CIA ?
Lorenz : Oui.
Lane : Par qui ?
Lorenz : Un homme qui s'appelle Edouardo.
Lane : Qui est Edouardo ?
Lorenz : C'est son nom de code, son vrai nom est E. Howard Hunt.
Lane : Le connaissiez-vous et l'avez-vous rencontré avant et pendant novembre 1963 ?
Lorenz : Oui.
Lane : Avez-vous été témoin de paiements effectués par M. Hunt à M. Sturgis ou Fiorini à plus d'une occasion avant novembre 1963 ?
Lorenz : Oui.

« L'AGENT STURGIS A LIVRÉ DES ARMES AU MILLIARDAIRE HUNT »

Lane : Êtes-vous partie en voyage pendant le mois de novembre 1963 avec M. Sturgis ?
Lorenz : Oui.
Lane : Y avait-il quelqu'un d'autre avec vous pendant votre voyage ?
Lorenz : Oui.
Lane : Quel moyen de transport avez-vous utilisé ?
Lorenz : En voiture.
Lane : Y avait-il plus d'une voiture ?
Lorenz : Il y avait une voiture qui nous suivait.
Lane : Voulez-vous dire qu'il y avait deux voitures ?
Lorenz : Oui juste derrière.

Lane : Qu'y avait-il dans la voiture derrière, si vous le savez ?
Lorenz : Des armes.
Lane : Sans entrer dans les détails concernant votre activité impliquant Sturgis, Hunt et vous, puis-je vous demander si une partie de votre activité était en rapport avec le transport d'armes ?
Lorenz : Oui.
Lane : M. Hunt a-t-il payé Sturgis une grosse somme d'argent pour le trafic d'armes ?
Lorenz : Oui.

« Un rendez-vous pour préparer l'opération »

Lane : Est-ce que M. Sturgis vous a dit où vous alliez quand vous êtes partie de Miami, en Floride, pendant le mois de novembre 1963, avant votre voyage avec lui en voiture ?
Lorenz : Dallas, Texas.
Lane : Il vous a dit ça ?
Lorenz : Oui.
Lane : Vous a-t-il dit le but de vote voyage au Texas à Dallas ?
Lorenz : Non, il ne m'a rien dit, juste que c'était confidentiel.
Lane : Êtes-vous arrivée à Dallas pendant le mois de novembre 1963 ?
Lorenz : Oui.
Lane : À votre arrivée à Dallas, êtes-vous descendue quelque part ?
Lorenz : Oui, dans un motel.
Lane : Pendant que vous étiez dans ce motel, avez-vous rencontré d'autres personnes que ceux qui avaient fait le trajet avec vous à Dallas ?
Lorenz : Oui.
Lane : Qui avez-vous rencontré ?
Lorenz : E. Howard Hunt.
Lane : Avez-vous rencontré ou vu quelqu'un d'autre que M. Hunt ?

Lorenz: Pardon ?
Lane: Quelqu'un d'autre ?
Lorenz: Jack Ruby.
Lane: Parlez-moi des circonstances dans lesquelles vous avez rencontré Hunt en novembre 1963.
Lorenz: Il y avait un rendez-vous avec M. Hunt qui nous a donné de l'argent pour préparer l'opération dont je ne connaissais pas la nature ni l'objectif.
Lane: Pouvez-vous me dire quel était votre rôle dans cette histoire ?
Lorenz: Juste un appât à ce moment-là.
Lane: Avez-vous vu M. Hunt donner de l'argent à quelqu'un d'autre qui était présent dans la chambre du motel ?
Lorenz: Oui.
Lane: À qui avez-vous vu qu'il donnait une enveloppe ?
Lorenz: Il a donné une enveloppe à Frank Fiorini.
Lane: Quand il lui a donné l'enveloppe, le cash était-il visible de façon à ce que vous puissiez le voir ?
Lorenz: Oui.
Lane: Avez-vous eu une occasion de compter le cash après que l'enveloppe a été donnée à M. Fiorini ?
Lorenz: Frank a sorti et compté l'argent et il a dit : « Ce n'est pas assez ! » Puis il l'a mis dans sa veste.

« Hunt a rencontré Jack Ruby la veille de l'assassinat »

Lane: Combien de temps M. Hunt est-il resté dans la chambre ?
Lorenz: Plus ou moins 45 minutes.
Lane: Est-ce que quelqu'un d'autre que vous, Hunt ou encore Fiorini est rentré dans la chambre ou quelqu'un était-il déjà là avant ?
Lorenz: Non.
Lane: Où avez-vous vu la personne que vous avez identifiée comme étant Jack Ruby ?
Lorenz: Après le départ d'Edouardo, un autre est venu à la porte. C'était Jack Ruby, environ une heure plus tard, 45 minutes à une heure plus tard.

Lane : Quand vous dites Edouardo, à qui faites-vous référence ?
Lorenz : E. Howard Hunt.
Lane : C'était à peu près à quel moment de la journée ?
Lorenz : Tôt dans la soirée.
Lane : Et quand êtes-vous partie ?
Lorenz : Je suis partie deux heures plus tard, Frank m'a amenée à l'aéroport et nous sommes retournés à Miami.
Lane : Maintenant, pouvez-vous me dire quand cette rencontre a eu lieu par rapport au jour où le Président a été assassiné ?
Lorenz : La veille.
Lane : Est-ce vraiment votre déposition de dire que la rencontre que vous décrivez entre M. Sturgis et M. Hunt a eu lieu le 21 novembre 1963 ?
Lorenz : Oui.

UNE CONSPIRATION ? C'EST POSSIBLE !

Le milliardaire texan Hunt est connu pour son opposition à la politique de Kennedy et ses fréquentations avec les milieux les plus conservateurs et réactionnaires des États-Unis. Son propre fils faisait partie de la John Birch Society, une organisation d'extrême droite anticommuniste dont on retrouve parfois plusieurs des membres dans la sphère de réseaux néo-nazis ou du Ku Klux Klan. Selon le journaliste noir américain Mumia Abu Jamal, qui fait l'objet d'un emprisonnement injustifié depuis plusieurs années, des preuves existent.

Le 24 avril 1975 sur CBS Nightly Weeks, le journaliste explique qu'il est allé interviewer Lyndon Baines Johnson dans son ranch en 1969 et qu'une partie de l'interview n'a jamais pu être publiée à la demande de Johnson pour des raisons de sécurité nationale. Voici ce qu'il y raconte :

Journaliste : Vous pensez qu'il y a eu une conspiration ?
Lyndon Johnson : C'est possible.
Journaliste : Cela voudrait dire que vous ne croyez pas le rapport Warren ?
L. J. : Non. Je pense que la Commission Warren était composé des hommes les plus qualifiés et impartiaux qui soient. Je pense que leur unique objectif était la vérité. Ils étaient compétents et ont fait de leur mieux. Mais je ne crois pas que ni eux ni moi ni qui que ce soit d'autre connaissions avec certitude les raisons qui ont motivé Oswald ou tous ceux qui pourraient être impliqués.

« … PLUS ACCEPTABLE POUR LES ÉTATS-UNIS… »

Pourquoi la CIA aurait-elle aidé à l'assassinat du Président américain ? Quelques faits importants de l'époque aident à en comprendre les causes. Car il apparaît que la Central Intelligence Agency n'est plus dès cette époque un service de renseignement chargé de protéger le pays mais un « outil » au service des multinationales américaines et des généraux de l'armée les plus conservateurs. De nombreux agents de la CIA, attachés à leur pays et aux valeurs pour lesquelles ils s'engagent, refusent aujourd'hui encore de participer aux « sales coups » commandités par des militaires hystériques et des dirigeants de transnationales sans scrupules. Dès le 17 mars 1960, le président Eisenhower approuve un « *Programme d'actions clandestines contre le régime castriste* ». L'objectif, tel qu'il est défini dans un document de la CIA du 16 avril 1961 déclassifié est alors de « *remplacer le régime de Castro par un autre, plus fidèle aux véritables intérêts du peuple cubain et plus acceptable pour les États-Unis, par des moyens évitant toute visibilité de l'intervention US* ». Il s'agit, ni plus, ni moins de l'organisation d'un coup d'État programmé avec l'aval des autorités américaines.

Le débarquement, le 17 avril 1961, de l'armée de mercenaires entraînée et armée par les États-Unis, encadrée par la CIA, dans la Baie des Cochons n'est que l'un des aspects de ce programme de guerre qui continuera par la suite jusqu'à ce jour sous d'autres formes, guerre bactériologique comprise.

Le Groupe spécial élargi de Kennedy

Kennedy a nié toute aide de la CIA dans le débarquement de la Baie des Cochons et la tentative d'invasion de Cuba. Sa décision publique de ne pas envahir Cuba fut un coup dur pour la CIA qui formait – comme elle y procède toujours aujourd'hui – des exilés cubains – souvent des parias recherchés par les autorités cubaines pour meurtre, vol, prostitution et autres trafics – dans des camps situés en Louisiane et en Floride. Et si Kennedy, arrivé au pouvoir entre-temps, désavoue l'opération et révoque le directeur de la CIA, Allen Dulles, le directeur adjoint, Charles Cabell, et le directeur du « stay-behind », Richard Bissell, il n'en poursuit pas moins la politique d'hostilité à l'égard du gouvernement cubain. Il va même jusqu'à mettre en place un Groupe spécial élargi chargé de préparer la lutte contre le gouvernement cubain. Ce groupe sera composé de son frère, Robert Kennedy, du général Maxwell Taylor, son conseiller militaire, de McGeorge Bundy, conseiller national pour la sécurité, de Robert McNamara, secrétaire à la Défense, de John McConel, nouveau directeur de la CIA et de quelques autres dont le général Lyman L. Lemnitzer, chef d'état-major interarmes.

Les militaires extrémistes vont en profiter pour prendre leur revanche, sachant qu'ils peuvent compter sur les politiciens conservateurs comme Nixon, Bush et d'autres. Après avoir rendu les civils de la CIA responsables de l'échec du débarquement de la Baie des Cochons et grondé contre Kennedy pour avoir refusé le soutien militaire qu'ils escomptaient, ils vont utiliser la structure mise en place par Kennedy lui-même pour tenter de parvenir à leurs fins. Pour cela ils imaginent de fabriquer un prétexte politique à Kennedy pour intervenir militairement contre Cuba. Leur plan, baptisé « Opération Northwoods » prévoit une série d'attentats meurtriers contre des civils et des militaires américains afin de mobiliser l'opinion publique contre le gouvernement cubain.

Les chefs d'état-major américains planifient des attentats contre... le peuple américain !

Ce plan fait l'objet de toute une série d'études très poussées. Pour convaincre les Américains et les autres pays que Fidel Castro représente une menace pour la paix du « monde libre », ils mettent au point toute une série d'attentats entraînant des milliers de morts et qui seront imputés à Cuba afin d'avoir un prétexte pour intervenir militairement. Il est ainsi prévu d'attaquer la base américaine de Guantanamo avec des mercenaires cubains sous uniforme des forces cubaines avec l'objectif de provoquer le maximum de dégâts humains et matériels ; de faire sauter un navire américain dans les eaux territoriales cubaines. Le bâtiment aurait été en réalité vide et télécommandé ; une liste de victimes fut publiée néanmoins dans la presse et de fausses obsèques organisées pour susciter l'indignation ; des attentats meurtriers sont prévus par des plasticages contre les exilés cubains à Miami, en Floride, et même à Washington ; afin de mobiliser les États voisins de Cuba en leur faisant croire à une menace cubaine, un faux avion cubain aurait bombardé de nuit un pays voisin avec des bombes de fabrication soviétique. Mais les généraux vont plus loin et envisagent même pour mobiliser l'opinion publique internationale, de détruire un vol spatial habité. Afin de frapper les esprits, la victime aurait été John Glenn, premier Américain à avoir parcouru une orbite complète de la Terre. Une autre provocation qui n'est pas sans rappeler l'attentat du 11 septembre 2001 contre les tours du World Trade Center sur lequel il reste encore beaucoup à dire...

Un parfum de 11 septembre...

Ainsi, le groupe de travail des chefs d'état-major de l'armée américaine responsables du projet « Northwoods » prévoit une provocation criminelle élaborée : « *Il est possible de créer un incident qui démontrera de manière convaincante qu'un avion cubain a attaqué et descendu un vol charter civil en route des États-Unis vers la Jamaïque, le Guatemala, Panama ou le Venezuela.* » Un groupe de passagers complices, qui pourrait être des étudiants par exemple, aurait pris un vol charter d'une compagnie détenue en sous-main par la CIA. Au large de la Floride, leur avion aurait croisé une réplique, en fait un avion parfaitement identique mais vide et transformé en drone. Les passagers complices seraient retournés sur une base de la CIA tandis que l'autre appareil aurait poursuivi en apparence son trajet, émettant des messages de détresse indiquant qu'il était attaqué par la chasse cubaine et aurait explosé en vol[1].

Les principaux chefs d'état-major qui ont dirigé le projet « Northwoods » sont le général David M. Shoup, commandant du corps des Marines, le général Curtis E. LeMay, chef d'état-major de l'armée de l'Air, l'amiral George W. Anderson Jr., chef des opérations navales, le général George H. Decker, chef d'état-major de l'armée de Terre et le général Lyman L. Lemnitzer, chef d'état-major interarmes. Plusieurs des collaborateurs qui élaborèrent ce projet criminel, soit participent au cabinet de George W. Bush, soit travaillent comme conseillers dans son entourage… Tout comme quelques années auparavant, le général de brigade William H. Craig qui avait dirigé les études du projet « Northwoods » fut promu par Gerald Ford directeur de la National Security Agency (NSA).

Le clash

Ce plan est supervisé par le général de brigade William H. Craig. Et c'est le général Lemnitzer qui le présente au Groupe spécial élargi le 13 mars 1962. La réunion se déroule au Pentagone dans le bureau du secrétaire à la Défense. Elle dure de 14 h 30 à 17 h 30. Et se termine très

1. Les documents de l'« opération Northwoods » ont été partiellement exploités par James Bamford, journaliste d'ABC News dans son histoire de la NSA, *Body of Secrets, Anatomy of the ultra-secret National Security Agency from the Cold War to the Dawn of a New Century*, éd. Doubleday, 2001.

mal. Robert McNamara rejette le plan en bloc le qualifiant de «*pure folie*». Une nouvelle fois, les militaires se font menaçants par la voix du général Lemnitzer. Avant de claquer la porte, ce dernier donne l'ordre de détruire tous les documents du projet « Northwoods». Seul, Robert McNamara garde la copie du mémo qui lui a été remis. Sans cette précaution, il ne resterait pratiquement plus trace des aventures criminelles que peuvent envisager les principaux dirigeants de l'armée américaine...

Dès lors, en ce début de printemps 1962, s'installe une guerre ouverte entre l'état-major interarmes et l'administration Kennedy. Rien ne va plus pour les militaires extrémistes et leurs alliés du parti républicain et des groupes d'extrême droite. Kennedy a changé légèrement la donne, s'opposant aux actions criminelles auxquelles l'Agence avait pris goût avec le pouvoir républicain. Après avoir refusé l'aide de l'armée de l'Air pour l'invasion de Cuba au moment du débarquement des mercenaires dans la Baie des Cochons, Kennedy repousse les pressions de militaires qui tentent de le convaincre de bombarder Cuba puis s'oppose à leurs aventures meurtrières qui vont jusqu'à tuer des Américains pour défendre les intérêts de sociétés transnationales. De son côté, George Bush a essayé de couvrir toutes les actions de la CIA, y compris celles concernant l'assassinat du Président. En 1976, quand le HSCA a conduit ses recherches, il convoque une réunion avec des fonctionnaires, William Paley et Richard Salant de CBS avec l'objectif d'«*enterrer le passé*».

En 1975, une commission du Sénat américain découvre et reconnaît que l'Agence a projeté de nombreux assassinats avec l'aide de différents poisons, de fusils automatiques et même de tueurs de la mafia. La CIA a aidé à renverser le gouvernement en Iran (1953), Jacobo Arbenz au Guatemala (1956), à tuer Patrice Lumumba au Zaïre (Congo alors, en 1960), à tuer Rafaël Trujillo Molina (République Dominicaine, 1961), Ngô Dinh Diem (Sud-Vietnam, 1963), le général René Schneider (Chili, 1970) et bien d'autres, n'hésitant pas à déclencher coups d'État et guerres régionales pour le seul intérêt, non des États-Unis, mais des grandes sociétés multinationales américaines. La guerre contre la République de Yougoslavie, puis contre l'Irak en sont les exemples les plus récents avec la tentative de coup d'État contre le régime du Venezuela démocratiquement élu. Avec George W. Bush au pouvoir, les concepteurs de l'opération « Northwoods » ont les mains libres...

Mais aux yeux de ces militaires fous de guerre, Kennedy va faire pire en négociant avec l'Union soviétique lors de la crise des missiles et en acceptant le retrait des missiles américains implantés en Italie et en Turquie sous peine de représailles des Russes. Et pire encore lorsque Kennedy signe également les mémorandums pour le retrait des troupes du Vietnam en 1963. Aussi se fait-il des ennemis dans les cercles les plus élevés de la CIA et du FBI, au nombre desquels figure notamment l'ancien directeur de la CIA, Allen Dulles, Warren Gerald Ford, de nombreux généraux réactionnaires comme ceux de l'opération « Northwoods » ou le major général Edwin A. Walker qui sera révoqué par Kennedy après avoir suscité des affrontements racistes et développé un prosélytisme d'extrême droite dans l'armée. Ce dernier, comme plusieurs autres, aurait appartenu à la John Birch Society et aux Authentiques chevaliers du Ku Klux Klan. Tout un programme, au nom du « monde libre » bien sûr... La « crise des missiles » va mettre Kennedy à l'épreuve du feu.

1962, l'année décisive

Le 18 octobre 1961, avant que Fidel Castro ne se proclame marxiste-léniniste, Khrouchtchev déclare : «*Nos cœurs sont avec vous, héros de Cuba, qui défendez votre indépendance contre l'impérialisme américain et qui avez inscrit des objectifs socialistes sur vos drapeaux de combat.*» Mikoyan, devant le XXIIe congrès du Parti communiste d'URSS confirme : «*Aujourd'hui Cuba a pris la route de la libération réelle du joug des monopoles. Elle s'est débarrassée des latifundistes et autres parasites de la société et elle construit une vie socialiste.*» «*Dans les conditions de la coexistence pacifique, la révolution socialiste a triomphé à Cuba*» écrit encore le directeur des relations internationales de l'Académie des sciences de l'URSS. Pourtant, au début de 1962, les relations entre Cuba et l'URSS semblent se détériorer. L'ambassadeur d'URSS avait été prié de quitter le territoire cubain. Après deux missions de Raul Castro et de Che Guevara à Moscou, dont la dernière eut lieu le 3 septembre 1962, on apprit que l'URSS fournirait plus d'armement à Cuba pour sa défense.

En juin 1962, une aide militaire fut décidée. Il ne faut pas perdre de vue que le retour de Lee Harvey Oswald coïncide exactement avec l'attribution de cette aide de l'URSS à Cuba. Mais le retour de Lee est confié à l'ambassade des États-Unis...

En février 1962, des indiscrétions sur un plan d'invasion direct de Cuba dont l'étude avait été confiée à Maxwell Taylor avaient suscité des inquiétudes à Moscou.

Fin août 1962, le sénateur de New York Kenneth Keating avait pris la parole au Sénat pour signaler que

Cuba devenait une place forte contre les États-Unis. Chaque jour du mois d'août un cargo débarquait de l'armement. Plusieurs régions de l'île étaient contrôlées par de gros détachements soviétiques. Il demanda au gouvernement américain de prendre conscience de ce problème.

Kennedy s'en prit à quelques généraux et amiraux, toujours prêts à envoyer à la guerre les fils des autres. Telle fut la réponse de la Maison Blanche aux propos de Keating. Le 11 septembre, Khrouchtchev affirma que les armements livrés à Cuba étaient de nature défensive.

L'entourage de Kennedy soutenait que la mise en place de fusées à Cuba par les Russes était quelque chose d'impossible et qu'ils finiraient par mettre des armements nucléaires entre les mains de Castro.

Le 14 octobre 1962, McGeorge Bundy, interrogé par la télévision sur le danger des préparatifs militaires soviéto-cubains, déclare qu'il «*ne partage pas l'opinion du petit nombre qui croit que l'assistance militaire russe soit pour nous une menace mortelle. Elle n'en crée aucune*».

Kennedy arme la Turquie en signant les accords de… désarmement

La Maison Blanche avait différé une mission de U2 de quinze jours ; le 14 octobre 1962 enfin, cette mission avait lieu. Lors de leur rencontre à Paris, le 31 mai 1961, Kennedy et de Gaulle décident de rester fermes sur la question de Berlin. Dans la nuit du 12 au 13 août 1961, le mur est construit. Le 1er septembre 1961, l'URSS reprend ses expériences atomiques dans l'atmosphère. Le 6 octobre, Kennedy et Gromyko ne parviennent à aucun accord sur Berlin.

N'oublions pas que la conférence de Genève entre Kennedy et Khrouchtchev en juin 1961 fut un fiasco, le second passant son temps à menacer Kennedy d'utiliser l'arme atomique si...

Ce discours, dans l'esprit du jeune Président était tellement en contradiction avec les projets de désarmement qui étaient en cours que celui-ci en était désarçonné. L'échec du débarquement de la Baie des Cochons n'avait pas dissipé son malaise, loin de là, et le mettait en difficulté face à ses interlocuteurs russes... Cependant, le 20 septembre 1961, les deux pays avaient signé une déclaration conjointe sur les principes de désarmement.

Le 19 août 1962, Kennedy avait condamné ceux qui envisageaient une intervention militaire contre Cuba. Le 4 septembre, à la suite d'un communiqué du Kremlin sur une augmentation de l'aide soviétique à Cuba, il avait mis en garde Moscou contre la fourniture d'armes offensives. Mais il niait que des fusées puissent être installées.

Le 22 août, McCone le prévient : « *Les Russes se préparent à introduire des fusées offensives à Cuba.* » Mais Kennedy est sceptique. McCone ne s'entendait pas avec McNamara. Ces rivalités avaient eu pour conséquences de bloquer les vols de U2 pendant dix jours. Puis ils avaient été réautorisés par Kennedy le 4 octobre 1962 mais la CIA et McNamara se disputaient pour savoir qui allait piloter les U2 : la CIA ou l'armée ? Ce fut l'armée qui l'emporta. Quoi qu'il en soit, une semaine s'écoula avant que l'opinion publique soit informée de la présence des missiles soviétiques sur l'île. Kennedy se demandait si la Troisième Guerre mondiale n'avait pas commencé au moment où des affrontements entre la Chine et l'Inde sur les hauts plateaux du Ladakh s'ajoutaient à cette situation de crise internationale. Commençait-il à redouter ce qu'il avait laissé se mettre en place sans véritablement mesurer les conséquences qui pouvaient en découler?…

L'arme d'Oswald venait d'Italie

Mais auparavant, voici en complément d'information ce qui se passait au début d'octobre 1962 en Italie. Les bases de la stratégie de la tension remontent au début des années 60 avec un projet de coup d'État attribué au général De Lorenzo, commandant-général des carabiniers. De Lorenzo fait état au cours d'une enquête de l'existence d'une structure clandestine au sein du ministère de la Défense, structure issue d'un accord international secret pour les besoins de sécurité de l'OTAN (réseau Gladio «je sers en silence»); De Lorenzo fut nommé à la tête du SIFAR, Bureau d'information de l'armée recrée sous l'impulsion des États-Unis en 1949. De Lorenzo travaille en effet pour les intérêts américains. Le général est chargé de la préparation du coup d'État (opération Solo). Ces documents brûlés ultérieurement auront cependant pu être microfilmés par la CIA. De Lorenzo va diriger le SIFAR durant six ans et dix mois avant de se faire nommer à la tête des carabiniers (gendarmerie et armée tout à la fois), le 16 octobre 1962. Inutile de dire que De Lorenzo conserve le contrôle total des services secrets à la tête desquels il place le colonel Viggiani, un de ses fidèles. L'osmose est complète entre les services secrets et la gendarmerie, puisque 80% des cadres du SIFOS sont composés de gendarmes. En juin 1962, le colonel Vernon Walters, chef de la CIA de Rome (qui sera remplacé l'année suivante par Harvey), remet un mémorandum à

De Lorenzo sur les progrès du Parti communiste italien. Ce mémo prévoit des interventions contre ce parti pour tenter de l'affaiblir.

Or le Manlicher Carcano venait d'un dépôt de l'armée italienne. Oui, l'arme de Lee Harvey Oswald se trouvait initialement en Italie. Nous savons aussi que Clay Shaw se rend périodiquement en Italie et qu'il travaille pour la CIA. De plus, la nomination de De Lorenzo à la tête des carabineri italiens ne se décide pas du jour au lendemain. Ni son remplacement. C'est au moins trois mois auparavant que ces mouvements ont été prévus dans une certaine finalité qui a probablement quelque chose à voir avec la présence communiste en Italie, mais pas encore en vue du coup de 1964. Revenons au mystère Kennedy.

Le quotidien *Le Monde* du 15 août 1997 nous livre la clé de ce mystère. Elle est tirée d'enregistrements effectués par JFK à l'insu de ses collaborateurs durant la crise des missiles.

Quelques extraits de ces enregistrements, tels ceux du 18 octobre 1962, donnent une idée des affrontements qui ont lieu à la Maison Blanche autour de la question de Cuba.

« Il faut retirer nos missiles de Turquie... »

> **McNamara** : En quoi l'introduction de ces armes à Cuba modifie-t-elle la situation militaire des États-Unis face à l'URSS ? (McNamara est secrétaire à la Défense.) De mon point de vue rien ne change. Le problème n'est pas militaire, il est politique.
> **JFK** : Qu'est-ce qui peut peser le plus sur l'Alliance ? Notre attaque sur Cuba, la plupart de nos alliés estimant

qu'il y là une fixation des États-Unis, et non une menace militaire sérieuse. Ils nous considèrent comme un peu névrosés sue cette question... Un blocus ne suffirait pas, Khrouchtchev pourrait continuer à renforcer ce qu'il y a déjà là-bas.
Thompson : Si vous faites ce bombardement, vous tuez beaucoup de militaires soviétiques. Ma préférence va au blocus...
McCone : Je pense que Khrouchtchev va nous entraîner dans des négociations et qu'on sera bloqués. On va entrer là-dedans et on ne pourra plus en sortir.
JFK : La seule offre que je pourrais faire, qui aurait un sens pour lui offrir une porte de sortie, ce serait les missiles de Turquie.
Bundy : C'est également valable si l'on bombarde par surprise. Il est important qu'à ce moment-là Khrouchtchev ait entre les mains un message disant que nous sommes prêts à démanteler notre base turque.
McNamara : Il faut se faire à l'idée que nous allons faire tuer plusieurs centaines de citoyens soviétiques. Et alors, quel genre de réponse Khrouchtchev peut-il nous faire ? Ce ne peut être qu'une réponse musclée... Ça coûtera cher, je crois... On y sacrifiera au moins nos missiles en Italie, en Turquie, et je doute qu'on s'arrête là (le 18 octobre 1962 à 11 h).
JFK : Je crois que nous devons envisager un message à Khrouchtchev lui disant que si l'installation des missiles continue, nous décrétons le blocus, et s'ils n'arrêtent pas, nous les détruisons.
Thompson : L'avantage de cet avertissement est que Khrouchtchev devra en référer à ses collègues... Ça pourrait se terminer par une guerre mondiale.
McNamara : Le minimum que nous coûtera une intervention, c'est la fin des missiles en Turquie et en Italie et vraisemblablement par des moyens physiques, parce que les soviétiques les détruiront. Et nous avons un grand risque de division au sein de l'Alliance. Cela me paraît être la situation la meilleure qui pourrait suivre

une action militaire. L'avantage d'un blocus, il me semble, c'est que l'Alliance va s'arranger, qu'elle acceptera de retirer certains missiles de Turquie et d'Italie, et que les Soviétiques de leur côté accepteront de retirer les leurs de Cuba.
Robert Kennedy : Vous les laissez construire des missiles ? Vous leur dites qu'ils peuvent construire tous les missiles qu'ils veulent ?
McNamara : Ah non, ce qu'on leur dit, c'est ça : nous allons instaurer un blocus. Il y a danger pour nous. Cela doit absolument être réglé, il faut qu'ils soient démantelés.

19 octobre 1962 : Réunion entre JFK et les chefs d'état-major interarmes

JFK : À votre avis, quelles seraient les représailles ?
George LeMay : Je pense qu'il n'y en aura pas. Je ne vois qu'une intervention militaire directe.
Wheeler : L'action la moins dangereuse est la gamme complète d'actions militaires de notre part.
Shoup : Il faut y aller pleins d'assurance pour une victoire décisive aussi rapide que possible (en frappant du poing sur le bureau).
JFK : L'existence de ces nouveaux missiles ne nous crée pas de danger, ils sont suffisamment armés comme cela.

22 octobre 1962 : les Américains voulaient la guerre sur l'Europe

Le Président vient d'annoncer dans une allocution télévisée la présence des missiles soviétiques à Cuba et le blocus de l'île.

Gilpatrick : Les chefs militaires ont soulevé un autre problème : dans un cas comme celui-là (représailles des Russes contre l'Italie et la Turquie), le contexte stratégique de l'OTAN exige l'exécution immédiate de l'EDP.

JFK : Qu'est-ce que l'EDP ?

Gilpatrick : L'European Defense Plan, c'est-à-dire la guerre nucléaire.

JFK (haussant le ton) : C'est justement ce que nous voulons éviter, vous voyez ! En Turquie et en Italie, ils ignorent ce que nous savons. Ils ne comprennent pas qu'il y a un danger de représailles immédiates. Il faut qu'on se débrouille pour que ces types soient au courant afin qu'ils ne tirent pas, exposant du même coup les États-Unis à une attaque.

Ces propos sont pour le moins ambigus. Ils dénotent certes, de la part de JFK, la peur de déclencher un conflit nucléaire, mais en cas de destruction de bases turques et italiennes, il refuse d'engager les États-Unis dans une guerre thermonucléaire. Quinze fusées sont pointées à Cuba sur les villes américaines, sans compter les ICBM soviétiques, prêts à riposter à la moindre attaque américaine venue de Turquie.

Il n'en reste pas moins que cette action était prévue et qu'un pas avait été effectué en direction d'une guerre thermonucléaire, dont la principale victime aurait été l'Europe et la Russie.

« *Il faut qu'on se débrouille afin que ces types soient au courant et qu'ils ne tirent pas.* » Cela implique une action par des « *types* » qui devraient tirer. De plus, selon les termes mêmes de Kennedy, ces types « *ignorent ce que nous savons* ». « *Il faut qu'on se débrouille* » implique une action clandestine en cours.

Nulle part il n'est en effet fait mention d'une chaîne de commandement avec l'OTAN ou autre. Il ne s'agit manifestement pas des gouvernements de ces pays de l'OTAN. Par trois fois, McNamara évoque la Turquie et l'Italie. Kennedy pense soudainement à « ces types » lorsqu'on évoque la Turquie et l'Italie dans le cadre d'une guerre de l'OTAN.

Le plan secret de guerre du Pentagone dénoncé par Daniel Ellsberg à McGeorge Bundy semble relié à cette action. Si les Soviétiques n'avaient pas eu la bonne idée d'installer des missiles à Cuba, l'Europe et l'URSS risquaient d'être ravagées par un conflit thermonucléaire !

Le réseau Gladio activé

N'oublions pas la nomination de De Lorenzo le 16 octobre 1962 ainsi que le fameux dossier de Bannister : DESTRUCTION BASE MISSILES ITALIE TURQUIE... Le réseau Gladio est activé ainsi que Bannister et ses Cubains. Ils vont procéder aux destructions en Italie et en Turquie, déclenchant le feu nucléaire sur l'URSS et la... Troisième Guerre mondiale. L'opération est en cours. Comme nous l'avons vu, Kennedy et McNamara savent de quoi il retourne. Khrouchtchev ne l'a pas fait par hasard, mais il a été prévenu. Par qui ? La libération de Russie de Lee Harvey Oswald dans cette période n'a pas été faite par hasard.

En novembre 1961, Kennedy a demandé à McNamara de préparer les plans d'une invasion classique de Cuba. La fuite avait eu lieu en février 1962. Kennedy a probablement demandé de ne prévoir une telle opération qu'en juin 1962, mais les services de renseignement soviétiques ont visiblement été efficaces et Khrouchtchev a été prévenu. Imaginons que l'invasion ait été décidée par Kennedy, on peut imaginer que la face du monde en aurait été changée.

Il apparaît en réalité que Kennedy voulait liquider définitivement le problème politique que posait l'URSS à l'hégémonie américaine par un conflit entre l'Europe et l'URSS. Mais le projet capota, les Soviétiques installant des missiles sur Cuba, pointés sur les États-Unis, pour riposter à la Troisième Guerre mondiale que les Américains pensaient pouvoir ouvrir sur l'Europe et la Russie.

Le 13 décembre 1962, Khrouchtchev déclare devant le Soviet suprême: «*L'événement essentiel des sept derniers mois [cela nous ramène au mois de mai 1962] est que la politique de l'URSS a permis d'éviter le complot tramé contre Cuba par les milieux impérialistes américains et de détourner la menace imminente d'un conflit thermonucléaire. C'est là une victoire de la politique de la raison dont peuvent être fiers les Soviétiques.*»

La sanction? Kennedy la trouva à Dallas.

Échec au chantage de Washington

Les comploteurs? Nous en avons esquissé des portraits, parmi les principaux. Cet ensemble de faits montrent comment et pourquoi ils ont agi. Et pour quelles raisons Kennedy devait disparaître.

Depuis le premier jour d'entrée en fonction du Président Kennedy, le Congrès, où les démocrates étaient majoritaires sur le papier, bloquait les projets de législation sociale de Kennedy, de l'aide à l'instruction aux lois civiques en passant par la distribution des vivres aux indigents ou aux lois contre la ségrégation raciale.

Sur le plan du désarmement, la première année Kennedy allait être marquée par la guerre froide. La Baie des Cochons fut suivie du sommet en Autriche, à Vienne, où Kennedy allait se faire houspiller par Khrouchtchev. Programme chargé pour cette réunion : les troubles du Congo, le problème de Berlin et surtout la reprise des essais nucléaires par l'URSS dans l'atmosphère. Au début de 1961, les États-Unis avaient 450 missiles et McNamara en demandait 950, les chefs d'état-major interarmes en demandaient 3 000... Le président Kennedy était réceptif à l'idée du désarmement mais ne semblait pas prendre la tête du mouvement et on le voit s'y opposer dès 1962, en favorisant ouvertement une confrontation Est-Ouest qui débouche sur « la crise des missiles ». À Vienne, le résultat des discussions avec Khrouchtchev fut de faire monter la tension et non de la diminuer. Averell Harriman, ancien ambassadeur à Moscou durant la guerre, qui n'attendait plus rien de ses espoirs politiques, se spécialisa dans les affaires du désarmement, fut invité à Moscou par Khrouchtchev. En février 1961, il fut nommé ambassadeur itinérant et fut furieux de ce qui s'était passé à Vienne, parce que non consulté sur l'ordre du jour. On avait laissé cela à Charles Bohlen, Lewellyn Thompson, George Kennan (ancien ambassadeur à Moscou et ancien du Département d'État où il s'occupait de la planification). Le résultat fut une augmentation du budget militaire pour intimider les Soviétiques et une division supplémentaire en RFA. Mais la diplomatie soviétique venait de remporter une belle victoire...

« Ils ne laisseront jamais la vérité faire surface »

Au dernier moment, le conseil d'équilibrer les armements sur l'île de Cuba a permis d'éviter la guerre. L'installation des missiles commençant en juillet 1962, l'information a dû être répercutée à Moscou en mai ou début juin 1962, date effective très certainement de la décision de mise à mort de JFK et indirectement de celle de Lee Harvey Oswald. Après la crise de Cuba, les Soviétiques ne pourraient jamais pardonner à Kennedy ce qu'il avait tenté contre l'Europe et l'Union soviétique.

La présidence de John F. Kennedy devenait désormais gênante à la Maison Blanche. Désormais tout allait très vite s'enclencher.

Selon McGeorge Bundy, Johnson lui aurait demandé de préparer *la veille de l'assassinat de JFK* le mémorandum n° 273 qui contredisait les orientations de Kennedy dans l'engagement militaire américain au Vietnam. Le 24 novembre, Johnson le signa. Quelques mois plus tard, c'est-à-dire en mars, le nouveau président signe la NSAM n° 288 qui marquera l'escalade de la guerre du Vietnam en envoyant plus de 2 600 000 soldats au front. Au total 8 744 000 soldats seront envoyés au Vietnam. 58 000 n'en reviendront pas. Elle aura coûté 80 milliards de dollars mais aura rapporté 220 000 milliards, ce qui fit prospérer rapidement le secteur de l'industrie de la guerre, ainsi que les banques envers lesquelles le gouvernement s'endettera pour pouvoir poursuivre ses hostilités. Un bénéfice que le complexe militaro-industriel n'aurait pu réaliser avec la politique de Kennedy.

Il est vrai que Johnson avait certaines relations avec le crime organisé. N'a-t-il pas reçu 500 000 dollars pour bloquer une loi qui visait à éliminer la pègre des États-Unis ?…

D'ailleurs Johnson avoua à Madeleine Brown, sa maîtresse pendant plus de vingt ans et avec qui il aura un fils, qu'il avait su d'avance la préparation de l'assassinat de Kennedy et que ses «amis» avaient fait le coup. Johnson a suivi presque la même voie que Kennedy au plan de la politique intérieure. Par contre, il alla à l'encontre de ce que Kennedy avait mis en place du point vue de la politique étrangère. Et surtout, il abandonna le combat que les frères Kennedy menaient contre la mafia. Tous ces faits ont seulement été mis en évidence après sa mort ainsi que ses relations avec le milieu et de nombreuses affaires de corruption.

Jack Ruby lâcha un jour devant quelques journalistes: «*On ne saura jamais la vérité ni pourquoi j'ai agi. Des gens ont gros à gagner et un motif puissant pour me mettre où je suis. Ils ne laisseront jamais la vérité faire surface.*» À la question du journaliste qui lui demandait s'il s'agissait «*de gens haut placés*», Jack Ruby répondit sans aucune hésitation: «*Oui!*»

À son arrivée à la tête de la CIA en 1975, Bush tenta de supprimer les documents ayant trait à l'assassinat de Kennedy...

CONCLUSION

Pendant les trois années qui suivirent la mort de Kennedy et d'Oswald, il y a six témoins qui ont été abattus, trois tués dans des accidents de voiture pas très claire, deux suicides, une personne égorgée, une autre tuée par une prise de karaté, trois crises cardiaques et deux causes de mort naturelle ! Cela fait quand même beaucoup pour un simple détraqué en mal de reconnaissance.

Comme dira Robert Groden, « il est peut-être trop tard pour que justice soit faite mais il n'est jamais trop tard pour la vérité ». Quand on voit comment un peuple peut s'engouer pour son Président, nous lui confions nos vies et notre avenir, la seule chose que nous sommes en droit d'attendre de lui c'est la vérité. Bill Clinton avait également ce charisme. Il a d'ailleurs souvent été comparé à Kennedy. Nous attendons d'un Président qu'il fasse ce qu'il y a de mieux même si cela doit lui en coûter, comme l'a fait Richard Nixon lors du scandale du Watergate.

Nous vous avons emmenés dans l'enquête sur l'assassinat de John F. Kennedy qui a été victime d'un énorme complot. Non, Lee Oswald n'est pas coupable ; oui « on » nous a bien menti. Il est un fait aussi que Kennedy n'est pas aimé et que certaines de ses décisions lui auront coûté cher : l'échec de la Baie des Cochons que même Prescott Bush ne pardonnera jamais (cf. document en annexe), les anticastristes qui se sont sentis abandonnés par leur nouvelle patrie et de qui ils attendaient beaucoup, le complexe militaro-industriel qui a bien failli passer à côté d'une somme colossale. Il est donc un fait que des personnes voire des groupes de personnes avaient intérêt à voir et à faire disparaître Kennedy. Admettre cette conclusion c'est admettre que les conclusions officielles ne sont pas justes.

Avec toutes les preuves présentées, nous pouvons donc affirmer qu'il n'y a jamais eu autant de terroristes, mafieux, hautes personnalités et autres qui auront bien plus tard un rôle clé dans l'histoire en général. Avec les documents et photos présentés, nous mettons un terme au débat des personnes qui croient et d'autres qui persistent à ne pas croire à ce complot. Le 22 novembre 1963 à Dallas, Kennedy a été victime d'un complot.

Toutes les pistes ont été explorées mais nous devons nous arrêter là où il n'y plus de preuve car nous n'obtiendrons jamais de ces hautes personnalités, présentes à Dallas, des aveux. Il y a tellement de si dans cet assassinat que tout reste encore possible et que même au moment de la déclassification des archives nous n'y trouverons jamais de noms ni les véritables enjeux. Mais en votre âme et conscience, vous avez pu juger des preuves et des mobiles que je vous ai présentés et ainsi vous faire votre propre opinion sur un des plus gros mensonges et coups d'État du siècle dernier. Toutes les générations en parleront et de nombreux enquêteurs continueront à chercher LA preuve. Malheureusement la plupart des personnages impliqués sont en train de s'éteindre. Donc, tout devient de plus en plus difficile à prouver, et c'est là la chance de ce gouvernement américain qui, dans le cas contraire, aurait des comptes à rendre à la planète entière. Les faits sont têtus et parlent d'eux-mêmes…

En février 1962, Monsieur le Président John Kennedy a prononcé une phrase qui résume tout :

Nous voulons établir la libre circulation de l'information.

Une nation qui a peur de laisser son peuple juger librement de ce qui est vrai ou de ce qui est faux est une nation qui a peur de son peuple.

ANNEXES

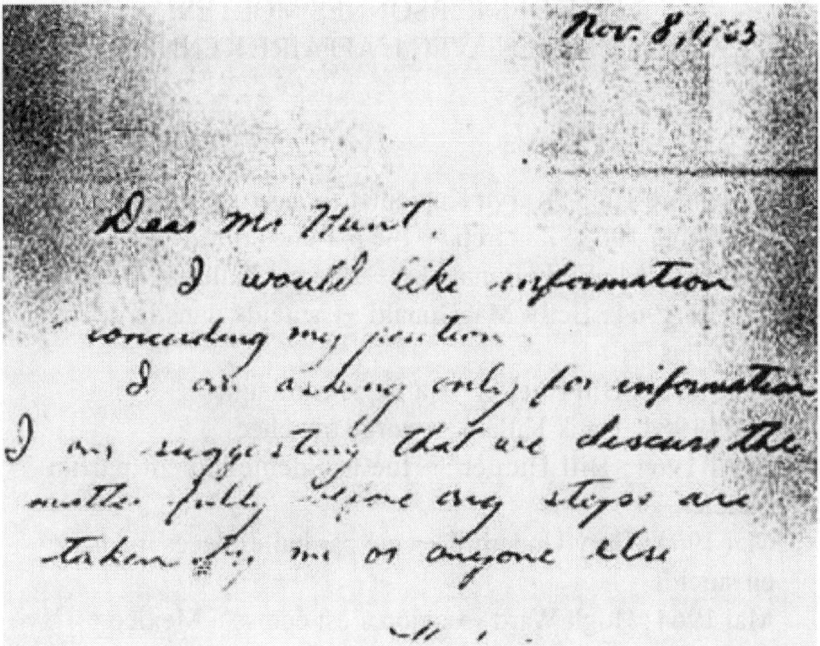

Nov. 8, 1963

Dear Mr Hunt,

I would like information concerding my position.

I am asking only for information.

I am suggesting that we discuss the matter fully before any steps are taken by me or anyone else

Cette lettre, datée du 8 novembre 1963,
est adressée à M. Hunt, un Texan ;
elle est de Lee Harvey Oswald.
Il y demande des informations au sujet de sa « mission ».

LISTE DES PERSONNES MORTES AYANT UN LIEN AVEC L'AFFAIRE KENNEDY

Novembre 1963 : Karyn Kupicinet → assassinée
Décembre 1963 : Zangreti → tué par une arme
Février 1964 : Eddy Benavides → tué par balles à la tête
Février 1964 : Betty MacDonald → suicide dans la prison de Dallas
Mars 1964 : Bill Chester → attaque cardiaque
Mars 1964 : Hank Killam → gorge tranchée
Avril 1964 : Bill Hunter → tué accidentellement par un policier
Mai 1964 : Gary Underhill → tué par balle ; décès maquillé en suicide
Mai 1964 : Hugh Ward → avion s'est écrasé à Mexico
Mai 1964 : DeLesseps → passager dans un détournement d'avion
Août 1964 : Teresa Norton → morte par balle
Juin 1964 : Guy Bannister → attaque cardiaque
Septembre 1964 : Jim Koethe → nuque brisée
Septembre 1964 : C. D. Jackson → mort de cause inconnue
Octobre 1964 : Mary Pinchot → assassinée
Janvier 1965 : Paul Mandal → cancer
Mars 1965 : Tom Howard → attaque cardiaque
Mai 1965 : Maurice Gatlin → chute mortelle
Août 1965 : Mona B. Saenz → renversée par un bus de Dallas
? 1965 : David Goldstein → mort de cause naturelle
Septembre 1965 : Rose Cheramie → renversée

Novembre 1965 : Dorothy Kilgallen → overdose
Novembre 1965 : Earl Smith → mort de cause inconnue
Décembre 1965 : William Whaley → collision à moto
? 1966 : Le juge Joe Brown → attaque cardiaque
? 1966 : Karen Little
Lynn Carlin → assassinées
Janvier 1966 : Earlene Roberts → attaque cardiaque
Février 1966 : Albert Bogart → suicide
Juin 1966 : capitaine Frank Martin → cancer foudroyant
Août 1966 : Lee Bowers Jr. → accident de moto
Septembre 1966 : Marylin Delia Walle → tuée par son mari après un mois de mariage
Octobre 1966 : Lt William Pitzer → suicide par arme
Novembre 1966 : Jimmy Levens → cause naturelle
Novembre 1966 : James Worrel Jr. → accident de moto
Décembre 1966 : Hank Suydam → attaque cardiaque
? 1967 : Leonard Pullin → accident de voiture
Janvier 1967 : Jack Ruby → cancer foudroyant
Février 1967 : Harold Russel → tué dans un bar par un policier
Février 1967 : David Ferrie → coup du lapin
Février 1967 : Eladio Del Valle → tué par balle dans la tête et dans la nuque
Mars 1967 : docteur Mary Sherman → tué par balle
Janvier 1968 : A. D. Bowie → cancer
Avril 1968 : Hiram Ingram → cancer foudroyant
Mai 1968 : docteur Nicolas Chetta → attaque cardiaque
Août 1968 : Philip Geraci → électrocution
? 1969 : Charles Mentesana → attaque cardiaque
Janvier 1969 : Henri Delaune →> assassiné
Janvier 1969 : E. R. Walthers → assassiné
Avril 1969 : Mary Bledsoe → mort de cause naturelle

Avril 1969 : John Crawford → crash de son avion privé
Juillet 1969 : Rev. Clyde Johnson → tué par balle
? 1970 : George McGann → assassiné
Janvier 1970 : Darrell W. Garner → overdose
Août 1970 : Bill Decker → mort de cause naturelle
Août 1970 : Abraham Zapruder → mort de cause naturelle
Décembre 1970 : Salvatore Granello → assassiné
? 1971 : James Plumeri → assassiné
Mars 1971 : Clayton Fowler → mort de cause inconnue
Avril 1971 : général Charles Cabell
? 1972 : Hale Boggs → disparu dans le crash d'un avion en Alaska
Mai 1972 : J. Edgar Hoover → attaque cardiaque mais pas d'autopsie
Septembre 1973 : Thomas E. Davis → électrocuté
Février 1974 : J. A. Milteer → explosion
? 1974 : David Yaras → assassiné
Juillet 1974 : Earl Warren → attaque cardiaque
Août 1974 : Clay Shaw → cancer possible
? 1974 : Earl Cabell → mort de cause naturelle
Juin 1975 : Sam Giancanna → assassiné
Juillet 1975 : Clyde Tolson → mort de cause naturelle
? 1975 : Allen Weatt → mort de cause naturelle
Décembre 1975 : général Earle Wheeler → mort de cause naturelle
? 1976 : Ralph Paul → attaque cardiaque
Avril 1976 : James Chaney → attaque cardiaque
Avril 1976 : Dr Charles Gregory → attaque cardiaque
Juin 1976 : William Harvey → complication lors d'un problème au cœur
Juillet 1976 : John Roselli → assassiné
Janvier 1977 : William Pawley → mort par balle

Mars 1977 : George de Morenschildt → mort par balle
Mars 1977 : Carlos Prio Soccaras → mort par balle
Mars 1977 : Paul Raigorpdsky → mort de cause naturelle
Mai 1977 : Lou Staples → mort par balle
Juin 1977 : Louis Nichols → attaque cardiaque
Août 1977 : Alan Belmont → longue maladie
Août 1977 : James Cadigan → chute accidentelle
Août 1977 : Joseph C. Ayres → accident par arme
Août 1977 : Francis G. Powers → crash d'hélicoptère
Septembre 1977 : Kenneth O'Donnell → mort de cause naturelle
Octobre 1977 : Donald Kaylor → attaque cardiaque
Octobre 1977 J. M. English → attaque cardiaque
Novembre 1977 : William Sullivan → accident de chasse
? 1978 : C. L. Lummie Lewis → mort de cause naturelle
Septembre 1978 : Garland Slack → mort de cause inconnue
Janvier 1979 : Billy Lovelady → complication suite à une attaque cardiaque
Juin 1980 : Jesse Curry → attaque cardiaque
Janvier 1981 : Marguerite Oswald → cancer
Août 1981 : Frank Watts → mort de cause naturelle
Janvier 1982 : Peter Gregory → mort de cause naturelle
Mai 1982 : Dr James Weston → ?
Août 1982 : Will H. Griffin → cancer
Octobre 1982 : W. Marvin Gheesling → longue maladie
Mars 1984 : Roy Kellerman → mort de cause inconnue

COMPARAISON DES EMPLOIS DU TEMPS DE KENNEDY ET D'OSWALD

JFK	*OSWALD*
Il a dormi à l'hôtel Fort Knox	*Un peu avant 7 heures, Oswald part travailler au Texas School Book Depository*
8 h 45 : Il fait un discours à l'attention des gens qui partent travailler	
10 h 45 : L'équipe présidentielle et le couple Kennedy partent pour Dallas	
11 h 37 : Les Kennedy arrivent à Love Field	
	11 h 45 : Oswald est vu travaillant au 6e étage du TSBD
11 h 52 : Le cortège présidentiel part pour Dallas	
12 h 30 : On tire sur le président Kennedy et le gouverneur Connally	*Autour de 12 h 15 : La secrétaire Carolyn Arnold voit Oswald seul dans la cafétéria*

12 h 35 : le cortège présidentiel arrive à l'hôpital de Parkland

12 h 32 : Un collègue le voit à la cafétéria

12 h 33: Oswald prend le bus

12 h 44 : Oswald descend du bus au coin de Pyards et Lamrar Street

12 h 48 : Oswald hèle un taxi

12 h 54: Oswald sort du taxi sur Beckley avenue et Neely Street

CURRICULUM VITAE D'ORLANDO BOSCH AVILA

08.01.68	Une bombe explose dans une valise à La Havane.
25.01.68	Bombe posée dans différents établissements commerciaux des États-Unis.
01.02.68	Bombe contre le consulat du Mexique à Miami.
02.02.68	Bombe posée à la résidence du consul britannique à Miami.
04.02.68	Bombe posée dans une entreprise pharmaceutique, aux États-Unis.
12.03.68	Bombe posée dans un restaurant appartenant à des émigrants cubains, aux États-Unis.
13.03.68	Bombe posée au consulat du Chili, États-Unis.
22.04.68	Bombe posée au consulat mexicain, aux États-Unis.
22.04.68	Bombe posée à l'office de tourisme d'Espagne, aux États-Unis.
05.05.68	Bombe contre le navire britannique *Greenwood*, aux États-Unis.
25.05.68	Bombe posée à bord du bateau japonais *Aroka Maru*, aux États-Unis.
21.06.68	Bombe posée à l'office de tourisme d'Espagne, aux États-Unis.
23.06.68	Bombe posée à l'Office de tourisme du Mexique, aux États-Unis.
27.06.68	Une bombe explose dans le garage du consul du Mexique aux États-Unis.
04.07.68	Bombe posée au consulat de Cuba.

04.07.68	Bombe posée à l'office de tourisme du Canada aux États-Unis.
07.07.68	Une bombe explose à l'office de tourisme du Japon aux États-Unis.
11.07.68	Une bombe explose près de la mission cubaine à l'ONU, causant des dommages à la Mission de Yougoslavie.
11.07.68	Bombe posée à bord du navire japonais *Michagesan Maru*, au Mexique.
14.07.68	Bombe à l'office de tourisme du Mexique aux États-Unis.
15.07.68	Bombe découverte dans un bureau du gouvernement français aux États-Unis.
16.07.68	Bombe découverte au consulat du Mexique aux États-Unis.
17.07.68	Bombe posée au domicile d'un diplomate cubain aux États-Unis.
19.07.68	Bombe posée à l'office de tourisme de France aux États-Unis.
19.07.68	Bombe posée dans un édifice de Shell Petroleum Company en Grande-Bretagne.
19.07.68	Bombe dans une agence de voyages japonaise aux États-Unis.
26.07.68	Bombe à l'office de tourisme du Mexique aux États-Unis.
31.07.68	Bombe au consulat britannique.
03.08.68	Bombe posée dans une banque britannique, aux États-Unis.
05.08.68	Bombe posée dans les bureaux du Parti communiste, aux États-Unis.
07.08.68	Bombe posée à bord du navire *Caribbean Vauxture* des Bahamas, aux États-Unis.

09.08.68	Bombe contre des représentants du gouvernement mexicain aux États-Unis.
09.08.68	Bombe à la résidence du consul du Mexique à Miami.
11.09.68	Bombe posée sur un navire britannique, au Mexique.
16.09.68	Une bombe explose à bord du navire espagnol *Satrustegui* à Porto Rico.
16.09.68	Attentat au bazooka contre un navire polonais, à Miami.
17.09.68	Bombe posée à bord d'un avion mexicain aux États-Unis.
19.09.68	Bombe posée à la résidence du consul du Mexique, aux États-Unis.
18.10.68	Bombe dans une agence de voyages canadienne.
20.10.68	Bombe de gaz dans un théâtre où jouait une actrice cubaine.
24.10.68	Tentatives d'asssasinat contre l'ambassadeur de Cuba auprès de l'ONU.
06.08.69	Bombe aux bureaux de Shell Oil, aux États-Unis.
06.08.69	Bombe aux bureaux d'Air France, aux États-Unis.
En 1972	Bosch voyage au Chili, avec son ami Guillermo Novo Sampol, et se place à la disposition de la junte fasciste du général Augusto Pinochet. Il participe alors, d'une manière ou d'une autre, à une série d'attentats contre des personnalités chiliennes en exil.
En 1974	Bosch crée l'organisation terroriste « Acción Cubana », avec l'appui de la junte fasciste

chilienne et de la police secrète du dictateur nicaraguayen Anastasio Somoza.

21.01.74 Bombe posée dans un bureau de la représentation diplomatique cubaine au Canada.

21.01.74 Bombe posée dans un bureau de la représentation diplomatique cubaine en Argentine.

21.01.74 Bombe posée dans un bureau de la représentation diplomatique cubaine au Pérou.

21.01.74 Bombe posée à l'ambassade cubaine au Mexique.

13.02.74 Bombe posée à l'ambassade cubaine à Madrid, Espagne.

19.03.74 Assassinat de l'ex-officier des Forces armées du Chili, le général Carlos Prats, et son épouse, en Argentine.

04.04.74 Bombe contre des membres de Prensa Latina, au Mexique.

01.10.74 Bombe posée à l'ambassade de Panama à Caracas, Venezuela.

30.10.74 Bombe posée à l'Institut d'amitié Venezuela-Cuba, au Venezuela.

14.11.74 Bombe posée dans un hôtel où se trouvaient des fonctionnaires cubains, aux États-Unis.

07.75 Tirs contre la résidence d'un fonctionnaire cubain, aux États-Unis.

03.08.75 Tentative d'assassinat contre l'ambassadeur cubain Emilio Aragonés, en Argentine.

17.11.75 Bombe posée dans une firme vénézuélienne de tourisme, au Venezuela.

17.11.75 Bombe posée à l'ambassade cubaine à Caracas, Venezuela.

30.10.75 Bombe contre le bureau commercial de l'URSS au Mexique.

05.10.75 Attentat à Rome contre Bernardo Leighton, vice-président du Parti démocratique chilien en exil, et son épouse.

03.76 Bosch est arrêté par la police du Costa Rica qui le soupçonne de vouloir assassiner le leader chilien en exil Andrés Pascal Allende.

21.09.76 Asassinat de l'ex-ambassadeur chilien Orlando Letelier et de sa collaboratrice Ronnie Moffit, aux États-Unis.

En 1976 Bosch fonde le Comando de Organizaciones Revolucionarias Unidas (CORU), composé par des éléments qui, en majorité, ont travaillé avec la CIA. Suit une nouvelle série d'attentats.

06.06.76 Bombe posée à la mission diplomatique cubaine à l'ONU.

01.07.76 Bombe au centre culturel Cuba-Costa Rica, au Costa Rica.

08.07.76 Bombe à la mission cubaine, en Espagne.

09.07.76 Bombe dans un entrepôt de Cubana de Aviación à Kingston, en Jamaïque.

10.07.76 Bombe posée dans les bureaux de Cubana de Aviación à la Barbade.

11.07.76 Bombe posée dans les bureaux d'Air Panama en Colombie.

23.07.76 Tentative d'enlèvement du consul de Cuba à Merida, au Mexique, provoquant la mort du technicien de pêche cubain D'Artagnan Díaz Díaz.

08.09.76 Enlèvement de deux diplomates cubains en Argentine.

01.09.76	Bombe posée à l'ambassade de Guyane à Trinidad et Tobago.
18.09.76	Bombe posée dans les bureaux de Cubana de Aviación à Panama.
10.06.76	Explosion en vol d'un avion de Cubana de Aviación, provoquant la mort de 73 personnes. Après cet attentat, Bosch est détenu au Venezuela et est accusé d'être responsable de l'horrible crime. Cependant, depuis sa cellule, il continue à concevoir et ordonner d'autres attentats contre des objectifs vénézuéliens afin de faire pression sur la justice vénézuélienne.
30.03.77	Bombe posée au consulat du Venezuela à Porto Rico.
30.08.77	Bombe à bord d'un avion vénézuélien à Miami, aux États-Unis.
23.12.77	Bombe posée aux bureaux de Viasa, aux États-Unis.
30.12.77	Bombe posée au consulat du Venezuela à Porto Rico.
En 1978	Bosch ordonne depuis sa cellule des attentats contre des intérêts mexicains en réponse aux mesures prises par le gouvernement du Mexique après la mort du fonctionnaire cubain D'Artagnan Díaz Díaz.
07.02.78	Bombe posée au consulat du Mexique, aux États-Unis.
07.02.78	Bombe posée à bord du navire *Azteca*, du Mexique, provoquant deux morts et sept blessés.
	Ensuite, toujours depuis sa cellule, il oriente et soutient les actions du groupe Omega-7 qui

commet une longue série d'attentats terroristes.

09.09.78	Bombe posée à la mission cubaine à l'ONU.
05.10.78	Bombe posée au Madison Square Gardens où se trouvaient des boxeurs cubains.
06.10.78	Bombe posée dans les bureaux de la firme de tourisme Girasol du Parti socialiste de Porto Rico.
06.10.78	Bombe posée dans les bureaux de la firme de tourisme Antillana de Porto Rico.
06.10.78	Bombe posée dans les bureaux de la firme Record Public Service, propriété d'un émigré cubain à Porto Rico.
23.10.78	Bombe au journal *La Prensa*, aux États-Unis.
18.11.78	Menaces en direction de la TWA, contre les vols vers Cuba.
28.12.78	Bombe posée à l'agence de voyage Varadero, à Porto Rico.
29.12.78	Bombe posée à la mission cubaine à l'ONU.
29.12.78	Bombe posée au Lincoln Center, aux États-Unis.
26.03.79	Bombe posée aux bureaux de TWA à l'aéroport JFK de New York.
26.03.79	Bombe posée aux bureaux de la firme Weehawkaux, au New Jersey, présidée par le Cubain Eulalio J. Negrin, du Comité des 75, impliqué dans des négociations avec Cuba.
28.04.79	Assassinat de Carlos Muñiz Varela, membre de la Brigade Antonio Maceo et directeur de Varadero Travel, à Porto Rico.
25.11.76	Assassinat d'Eulalio Negrin.
11.09.80	Assassinat de Félix García Rodríguez, diplomate cubain aux Nations unies.

En 1987 Grâce à Otto Reich, Bosch est libéré et entre aux États-Unis où il obtiendra l'asile et même le pardon présidentiel.

Et au début des années 80, naît la Fondation nationale cubano-américaine (FNCA) dont le chef, Jorge Mas Canosa, oriente les attentats contre-révolutionnaires et terroristes.

Bien que réfugié aux États-Unis, Bosch continue à conseiller les éléments les plus fanatiques de la mafia de Miami.

Cuba]
Dominican passport, Dominican Rep
Chilean passport, Chile
Costa Rica passport, Costa Rica
Venezuelan passport, Venezuela
Cuba passport, Cuba, obtained from Government

26. WHY DID YOU OBTAIN A U.S. VISA: n/a

27. IF YOU DID NOT APPLY FOR A U.S. VISA EXPLAIN WHY NOT:
I have applied for a Visa to the U.S. Your files have this information.

28. DATE OF DEPARTURE FROM YOUR COUNTRY OF NATIONALITY:
See numbers 30, 31 & 32

29. WAS EXIT PERMISSION REQUIRED TO LEAVE YOUR COUNTRY: yes
IF SO, DID YOU OBTAIN ANY PERMISSION: no
See Attached Exhibit A

EXHIBIT A

In 1960 I left Cuba without permission after receiving advice that a warrant was out for my immediate arrest and execution by Fidel Castro and his agents.

30. ARE YOU ENTITLED TO RETURN TO COUNTRY OF ISSUANCE OF YOUR PASSPORT:
See Attached Exhibit B

EXHIBIT B

I was issued an identity document by the Venezuelan Government. This document does not give me the rights and privileges received by residents or citizens of Venezuela. Furthermore, because Venezuelan authorities asked me to leave the country, I do not believe I am entitled to return there. I will be executed if returned to Cuba, the only country that has ever issued me a valid passport. The passports that I received from the Dominican, Chilean, and Costa Rican governments are under aliases. As such, I am not entitled to return to those countries. Further, I cannot expect any of these countries to protect me from Castro agents who would assassinate me should I be returned to any of these countries.

31. WHAT DO THINK WOULD HAPPEN TO YOU IF YOU RETURNED:
See Attached Exhibit C

EXHIBIT C

If I were to be returned to Cuba, I would be executed. Castro has sentenced me to death for my participation in and [AND is stated] organization of counter revolutionary groups in my home province of Santa Clara. This occurred between 1959 and 1960, when I left the country.

The Fidel Castro regime issued a second death warrant against me in 1961. This death warrant was issued because I coordinated a group of counter revolutionaries who landed in Pinar del Rio province in order to establish a democratic government in Cuba.

I was tried in abstentia and sentenced to execution. All five members of that expedition were captured and executed by Castro.

Around 1977 I was again sentenced to death by Fidel Castro as a result of false allegations concerning my participation in the Cuban Airlines crash of 1976, for which I was twice acquitted in civil courts by the Venezuelan government, and once by the Venezuelan military, and for which I spent 11 years in a Venezuelan prison. Should I be returned to any of the countries listed in my answer to question 25, I would be immediately assassinated by agents of the Castro regime as a result of three outstanding death warrants issued against me.

32. WHEN YOU LEFT YOUR HOME COUNTRY, TO WHAT COUNTRY DID YOU INTEND TO GO:

after being advised that I was going to be arrested and murdered by the Castro regime.
39 AFTER LEAVING YOUR HOME COUNTRY, HAVE YOU TRAVELED THROUGH OR RESIDED IN ANY OTHER COUNTRY BEFORE ENTERING THE U.S.: no

I have traveled through numerous countries in transit to avoid and escape persecution from Fidel Castro and his agents. I also spent 11 years in a Venezuelan prison.

40 WHY DID YOU CONTINUE TRAVELING TO THE U.S.?:

To avoid being arrested, and murdered by Fidel Castro and his agents.

41 DID YOU APPLY FOR ASYLUM IN ANY OTHER COUNTRY? no

The only country in which I have applied for asylum is the United States. I was never re-settled or in a position to apply for asylum in any other country.

42 HAVE YOU EVER BEEN RECOGNIZED AS A REFUGEE BY ANOTHER COUNTRY OR BY THE UNITED NATIONS HIGH COMMISSIONER FOR REFUGEES?: no

43 ARE YOU REGISTERED WITH A CONSULATE OR ANY OTHER AUTHORITY OF YOUR HOME COUNTRY ABROAD?: no

If I did I would be arrested and executed

44 IS THERE ANY ADDITIONAL INFORMATION NOT COVERED BY THE ABOVE QUESTIONS?:

See attached exhibits. Additionally, I reserve the right to present further information and witnesses at the time of my hearing.

[COMPOSITE EXHIBIT G contains a translation of an article published in GRANMA, 19 October 1980, titled FICHA CRIMINAL DE ORLANDO BOSCH, or Criminal Index file of Orlando Bosch. Since it is so large, it is being placed on another page.]

45 UNDER PENALTIES OF PERJURY, I DECLARE THAT THE ABOVE AND ALL ACCOMPANYING DOCUMENTS ARE TRUE TO THE BEST OF MY KNOWLEDGE AND BELIEF:

------------[signature of Orlando Bosch Avila]

DATE: 5-24-88

END doc0055

R-84 (Rev. 5-14-80)

FINAL DISPOSITION REPORT

Leave Blank

Note: This vital report must be prepared on each individual whose arrest fingerprints have been forwarded to the FBI Identification Division without final disposition noted thereon. If no final disposition is available to arresting agency, also obtain subject's right four finger impressions on this form, complete left side and forward the form when case referred to prosecutor and/or courts. Agency on notice as to final disposition should complete this form and submit to: **Director, FBI, Washington, D.C. 20537, Attention: Identification Division.**
(See instuctions on **reverse side**)

FBI No.

Final Disposition & Date
(If convicted or subject pleaded guilty to lesser charge, include this modification with dispostion.)

Name on Fingerprint Card Submitted to FBI
Last: BoscH — First: Orlando — Middle: Avila

Date of Birth: 8-18-26 — Sex: M

Henry Fingerprint Classification From FBI 1-B Response

State Bureau No. (SID)

Social Security No. (SOC)

This Form Submitted By:
(Name, Title, Agency, ORI No., City & State)

Contributor of Fingerprints (Include **complete** name and location of agency, together with ORI number.)
US INS

[signature] — Signature — 2-16-88 — Date
Senior Insp. — Title

Arrest No. (OCA): A28 851 622

Date Arrested or Received: 2-16-88

☐ COURT ORDERED EXPUNGEMENT:
Return Arrest Fingerprint Card to Contributing Agency;
Certified or Authenticated Copy of Court Order Attached.

Offenses Charged at Arrest
212(a)(9)(20)(29)

Right Four Fingers Taken Simultaneously

If additional space is needed, check ☐ and continue on reverse side of this form.

000749

Je voudrais remercier toutes les personnes qui m'ont aidée ainsi que mon éditeur. Si j'oublie quelqu'un, je m'en excuse sincèrement…

À Lola ma petite fille pour qui j'essaye de me battre afin de lui laisser un monde meilleur…

À Olivier, son papa. À mes parents ainsi que leurs conjoints.

À mes grands-parents, Mémé et Nanou, à ma marraine et sa famille. À Sam et Thibaud.

Au Chat et à la puce ainsi qu'à Caro, Bernard et les enfants.

À M. Gobelet, greffier de la Province de Namur, à Jean-Loup Izambert qui est devenu un « parrain », Jean-Paul Ney, Benjamin Biolay, aux docteurs Boxho, Abatti de l'Université de Liège ainsi qu'à M. Édouard Tombeur.

À Katrien Demunck, à Sarf, Pierre Nau, Alain Gering, Hubert, Caro, Greg, Clément, Me, B, Pascal et son épouse, Marc, André, Dominique, Marcel D, Michael Dams et toute sa famille, Nico et Jean.

À David, mon éternel ami.

Et surtout à tous ceux qui continuent le combat…

Si vous voulez me contacter : caroline.lebeau@tiscali.be

TABLE DES MATIÈRES

Cet ouvrage a été achevé d'imprimer en décembre 2003
dans les ateliers de Normandie Roto Impression s.a.s.
61250 Lonrai
N° d'imprimeur : 032991
Dépôt légal : décembre 2003

Imprimé en France